U0596406

语 文 讲 话

王　力○著

中华书局

图书在版编目(CIP)数据

语文讲话/王力著. —北京:中华书局,2020.11
ISBN 978-7-101-14775-9

Ⅰ.语… Ⅱ.王… Ⅲ.汉语-语言学-研究 Ⅳ.H15

中国版本图书馆 CIP 数据核字(2020)第 178976 号

书　　名　语文讲话
著　　者　王　力
责任编辑　陈　虎
出版发行　中华书局
　　　　　(北京市丰台区太平桥西里 38 号　100073)
　　　　　http://www.zhbc.com.cn
　　　　　E-mail:zhbc@zhbc.com.cn
印　　刷　北京瑞古冠中印刷厂
版　　次　2020 年 11 月北京第 1 版
　　　　　2020 年 11 月北京第 1 次印刷
规　　格　开本/880×1230 毫米　1/32
　　　　　印张 10¼　插页 2　字数 160 千字
印　　数　1-8000 册
国际书号　ISBN 978-7-101-14775-9
定　　价　36.00 元

出版说明

本书内容之一是在王力先生 1936 年、1937 年暑期,于燕京大学为国文、历史、教育、政治、经济、物理、化学、家政诸系的学生所作的演讲稿整理、修改而成的。由于当时学生文、理生兼有,所以王力先生认为:"这种演讲必须是浅显的,对于语言学的基本知识也不惮详加说明;又必须是广泛的,对于琐细的问题就略而不论。语文本是每人每日所必需,只要把最容易注意到而又不难了解的道理对他们讲,他们也会听得津津有味的。我相信,无论哪一系的学生都可以听得懂,甚至高中学生也能懂得一大部分。"

抗日战争的时期,这本小书最初以《中国语文概论》书名,由商务印书馆出版,但流传不广,影响不大。抗日战争胜利后,商务印书馆也一直没有再版。1950 年,开明书店打算将其收进"开明青年丛书"里,经征得商务印书馆同意,遂改名为《中国语文讲话》,于当年 9 月由开明书店重印出版。1953 年,开明书店和青年出版社组合成中国青年出版社,《讲话》亦由中国青年出版社出版。后来,全国在中学阶段开始新设汉语课,中学语文教师需要一些有关的参考书,于是该书又从中国青年出版社转到文化教育出版社,名称也改为《汉语讲话》。于是该书流传日广,影响渐大。但原书仅有绪论、语音、语法、词汇、文字等五章,内容以"谈'语'的地方多,谈'文'的地方少"。

随着时间的推移,为适应当今人们知识积累和阅读兴趣的变化,我们从《王力文集》中谨慎择取相关内容,在原书五章的基础上,增加方言、字的写法读音和意义、语言形式美、语言的真善美及其他等四大板块内容而成九章,增加了一些"文"的知识,使内容更显丰赡,以期有助于广大读者更全面地了解自己须臾难离的交流工具,使自己迅速成长为"有文化"者。

中华书局编辑部

2020 年 9 月

目　录

第一章　绪论

第一节 汉语的特性

汉语(以普通话为代表)有它的特点。

一、语音的特点

语音方面,绝大多数的音节都属于同一类型。每一个音节在书面语言里以一个字为代表。一般说来,一个音节可以分为两部分,就是声母和韵母。声母是辅音(又叫子音),即 b、p、m、f、d、t、n、l、g、k、h、j、q、x、zh、ch、sh、r、z、c、s;韵母或者是元音(又叫元音),即 a、i、e、o、u、ü 等,或者是复合元音(两个元音相结合),即 ai、ei、ao、ou 等,或者是元音后面加鼻音韵尾,即 an、en、ang、eng 等。这些元音、复合元音、元音加鼻音韵尾的韵母,原则上还可以加上韵头 i、u、ü,即成为 iao、iou、uai、uan、üan、üe 等,例如"巴"的读音是 ba,分析起来是声母 b 加韵母 a,"高"的读音是 gao,分析起来是声母 g 加韵母 ao,"良"的读音是 liang,分析起来是声母 l 加韵母 iang。只有一个特殊韵母 er("儿"字的音),它是永远不跟声母拼的。

声母不能独立成为音节,韵母能独立成为音节。因此,汉字的读音可以没有声母,如"衣"读 i(写作 yi),"欧"读 ou,"王"读 uang(写作 wang)等;但是不能没有韵母,所以"基""欺""希""知""痴""诗""日""资""雌""思"必须写成 ji、qi、xi、zhi、chi、shi、ri、zi、ci、si,而不能简单地写成 j、q、x、zh、ch、sh、r、z、c、s;

"波""坡""磨""佛"必须写成 bo、po、mo、fo,而不能简单地写成 b、p、m、f。这不仅是写法问题,而是实际读音必须如此。

声调是汉语的主要特点之一。其他语言也有有声调的(中国少数民族语言,有声调的占多数),但是就全世界来说,有声调的语言是比较少的。所谓声调,就是声音高低升降的各种形状,它们在语言中起着辨别意义的作用,例如"昌"和"常"都读chang,但是声调不同。这是所谓同音不同调。普通话共有四个声调,就是阴平声、阳平声、上声和去声。在汉语拼音方案中,阴平声以"ˉ"为号,如"昌"(chāng);阳平声以"ˊ"为号,如"常"(cháng);上声以"ˇ"为号,如"厂"(chǎng);去声以"ˋ"为号,如"唱"(chàng)。这四个声调之外还有轻声,轻声不算正式的声调,汉字单念时不念轻声,常常是双音词的第二个音节才有可能念轻声,例如"桌子""石头"。汉语拼音方案规定轻声不加符号。

汉语语音的配合非常富于系统性,不是每一个声母和每一个韵母都能相配,或者每一个韵母和每一个声调都能相配,而是有规律的。

就发音部位来说,声母可以分为六类:b、p、m、f是唇音,d、t、n、l是舌尖音,z、c、s是舌尖前音,zh、ch、sh、r是舌尖后音,j、q、x是舌面音,g、k、h是舌根音。发音部位相同就是条件相同,语音配合的情况一般也相同。举例来说,ü不在 b 的后面出现,也不在 p、m、f 的后面出现;jiang 不在 m 的后面出现,也不在 b、p、f 的后面出现。因为 b、p、m、f 同属于唇音,条件相同。舌尖前音、舌尖后音、舌根音的后面都没 i 和 ü，相反地，舌面音的后面只能有 i 和 ü。舌尖音后面没有 en 出现[①]，也没有 ün[②]。

就韵母来说，语音的配合也有规律，例如 ai、ei 的前面没韵头 i[③]；ao、ou 的前面没有韵头 u；ai、ei、ao、ou 的前面都没有韵头 ü。

就声调来说，语音的配合也有一些规律可寻。如果声母是 b、d、g、j、zh、z(这种声母，叫做不送气声母)，而又以鼻音韵尾收音的，一律不与阳平声相配合。具体说来，就是汉字当中没有读 bán、bén、báng、béng[④]、bián、bín、bíng、dán、dáng、déng、dián、díng、duán、dún、dóng、gán、gén[⑤]、gáng、géng、guán、gún、guáng、góng、jián、jín、jiáng、jíng、juán、jún、jióng、zhán、zhén、zháng、zhéng、zhuán、zhún、zhuáng、zhóng、zán[⑥]、zén、záng、zéng、zuán、zún、zóng 的。

某个音不与某个音配合，有两种原因：一种原因是语音本身所制约，某个音与某个音连在一起，发音不方便，例如 zh、ch、sh、r 不和 i、ü 拼[⑦]，j、q、x 不和 a、o、u 拼，就是这个道理。另一

---

① 北京方言里有一个"扽"字(猛然用力拉)念 dèn，是例外。又"嫩"字，北京有 nèn、nùn 两读，现在规定普通话读 nèn。

② 淋湿的"淋"，北京人有说成 lǔn 的，但是正音该念 lín。

③ "涯"字从前有人念 iái，现在都念 iá(写作 yá)了。

④ "甭"字念 béng，但这是"不用"的合音，是例外。

⑤ 北京方言有"哏"字(滑稽，有趣)，念 gén，是例外。

⑥ "咱"念 zán，是"咱们"(zamen)的合音，是例外。

⑦ "知""吃""诗""日"拼成 zhi、chi、shi、ri，那不是真正的 i，而是跟 i 近似的音。这种 i，单写时可以写作-i 或 i。

种原因是历史所造成的,例如 d、t、n、l 不和 en、ün 拼。声调不
与某个音配合也是历史造成的。这个问题比较专门,这里不详
细讨论了。

二、词汇的特点

词汇方面,最大的特点是单音成义。所谓单音成义,就是每
一个音节代表一个意义。前面说过,汉语每一个字代表一个音
节,因此,我们也可以说,每一个字代表一个意义。当然也有特
殊的情况:比如,有一种词是由联绵字构成的,或者是由叠字构
成的,就必须用两个音节合成一个意义,拆开来就没有原来的意
思了。联绵字,就是两个字联结成为一体的意思。大致分为双
声的和叠韵的两种。双声联绵字表现为两字的声母相同,如"踌
躇"(chóu chú),这两个字的声母都是 ch;叠韵联绵字表现为两
个字的韵母相同,如"从容"(cóng róng),两个字的韵母都是
ong。不但"踌"和"躇"拆开了不成话,"从"和"容"拆开了,也跟
"从容"的意义不相干。也有少数联绵字既非双声,又不是叠韵,
如"葡萄"(pú tao)、"工夫"(gōng fu)等。叠字如"鸡声喔喔"里
的"喔喔"、"流水潺潺"里的"潺潺"(chán chán),拆开了"喔"
"潺"也不成话。但是联绵字和叠字在汉语词汇中毕竟是少数,
从一般情况来说,汉语词汇仍旧是单音成义的。

现代汉语有许多双音词,如"电话""电灯""风车""水库"等,
也有一些三音词,如"自来水""图书馆"等,四音词,如"无产阶
级""共产主义"等。这是所谓合成词。其中每一个字都可以称

为词素,词素是一个词的构成部分,词素本身也是有意义的,如在"电话"一词中,"电"和"话"都有意义。当然,简单地把"电"的意义和"话"的意义加起来,并不能构成"电话"的意义,但是我们不能说"电"和"话"跟"电话"无关。"自来水"不能解释为"自动到来的水",但是当初造词的人确实想到这种水是自动到来的,而不是从井里打出来的,今天我们说这个词的时候,还明确地意识到这个词里面包含着"自动"的"自"、"到来"的"来"、"水火"的"水"。

汉语在接受外来词的时候,还不放弃这个特点,就是一个字有一个意义的特点。"科学"这个词,在最初的时候曾经是音译成为"赛恩斯",拆开来看,"赛""恩""斯"这三个字(音节)都和"科学"的概念无关。后来改为译意,译成"科学"。科学是分科的学问,这样,"科"和"学"都有意义了。有许多外来词根本没有经过音译的阶段,从一开始就用意译,例如"哲学",照音译该是"菲洛索菲",但是这个词来自希腊语 philos(爱)和 sophia(智),所以译成"哲学"。依照中国古代字典《说文解字》的解释"哲,知也","知"就是"智"的意思。有时候也不一定依照西洋的语源来翻译,例如"电话"最初翻译为"德律风",这个词来自希腊语 têle(远)和 phônè(音),直译该是"远音",但是现在译成"电话"就更合乎汉语的习惯。虽然我们也有一些译音的词,如"咖啡""沙发""阿斯匹灵",但是这种外来词毕竟是少数。我们把外来词分为两类:一类是借词,如"咖啡";另一类是译词,如"科学""电话"等。在其他语言中的外来词,一般总是借词占大多数,而汉语的外来词则是译词占大多数。

汉字正是和汉语单音成义的特点相适应的。既然每一个音节具有一个意义,所以就拿一个方块字作为一个音节的代表了。

单音成义的好处在于使汉语有很大的适应性。不管增加多少新词,原则上不须要增加新字。《新华字典》(1962 年修订重排本)只收了八千左右个单字,就够用了,而一般常用字大约只有三千个左右。现代汉语里的词有好几万个,但是,正如前面所说的,那些双音词、三音词、四音词,一般都是有意义的单字合成的,这样就帮助了人们的记忆。这应该认为是汉语的优点。

三、语法的特点

语法方面,最大的特点有两个:第一是词序的固定,第二是虚词的应用。

词序的固定,指的是句子成分在句子里占有固定的位置。一般地说,主语部分在谓语部分的前面,如在"伟大的毛主席正领导着我们在光明的社会主义大道上前进"一句中,"伟大的毛主席"是主语部分,其余是谓语部分。谓语在宾语的前面,如在上面的句子中,"领导着"是谓语在前,"我们"是宾语在后。定语在它所修饰的名词前面,如"伟大的"是定语,在名词"毛主席"的前面;"光明的"是定语,在名词性词组"社会主义大道"的前面。状语在其所修饰的动词的前面,如"正"是状语,在动词"领导"的前面;"在光明的社会主义大道上"是状语,在动词"前进"的前面。我们已经习惯于这种词序,觉得本该如此,没有什么可谈的。其实各种语言的词序大不相同。俄语的主语部分就不一定放在谓语部分的前面，日语的宾语却放在谓语的前面，越南语的定语却放在它所修饰的名词的后面，英语的状语常常放在它所修饰的动词的后面。

汉语词序的固定所以成为必要，是由于词的本身没有一定的形态变化，词的后面又不附有表示句子成分的记号。这并不能说是汉语的缺点，因为汉语句子成分的位置固定了以后，可以让人清楚地辨认主语、谓语、宾语、定语、状语等。

虚词的应用，在汉语语法中占着极其重要的地位。首先要讲的是语气词。语气词是汉语的一大特点，拿西洋语言来比较，它们缺乏语气词，或者有些所谓"小品词"，在作用上有点像汉语的语气词，而不能像汉语语气词那样明确地表示语气，也没有这么丰富的内容。现代汉语的语气词放在一句的末尾，它们所表示的语气可以分为确定语气、揣测语气、假设语气、商量语气、说服语气、当然语气、答辩语气、夸张语气、疑问语气、反问语气等。确定语气用语气词"啦"字，这是"了"和"啊"的合音，例如"他要走啦""你甭说啦""拖拉机开到了咱村啦"。揣测语气用语气词"吧"字，例如"今天不会下雨吧""大概是他吧"。假设语气也用语气词"吧"字，例如"去吧，没有时间，不去吧，问题不能解决"。商量语气也用语气词"吧"字，例如"咱们走吧""你原谅他吧"。说服语气用语气词"啊"字（有变音"呀""哇""哪"等），例如："我实在没有法子啊！""他的话说得对呀！""他唱得真好哇！""这件事不好办哪！"当然语气用语气词"呗"字，例如："不懂，我们就好好学呗。"答辩语气用语气词"嘛"字,例如:"有意见就提嘛!""我本来说过我不会嘛!"夸张语气用语气词"呢"字,例如:"不问他还不说呢!""这种事情多着呢!"疑问语气用语气词"呢""吗"或"啊"("呀""哇""哪")。这三个词的用法又各不相同。"呢"字用于交替问,例如:"他来不来呢?""他来呢,还是你去呢?"又用于句中已有疑问词的句尾,例如:"他什么时候才来呢?"又用于不完全句,例如:"我来了,他呢?""吗"字用于句中没有疑问词的句尾,例如:"他来吗?""你同意吗?""他会这样做吗?"这两个疑问词不但在句式上不一样,它们所表达的意思也不一样:"呢"字常常表示纯粹的疑问,而"吗"字则先作出一个假定,然后要求证实,例如"他来了没有呢?"(常常省略"呢"字,说成"他来了没有?")和"他来了吗?"的意思不同:前者表示问话人没有任何倾向性,只是简单地提出问题;后者表示问话人倾向于相信他来了,只是要求对话人加以证实(也可以倾向于反面,如"他会不知道吗?")。疑问语气词"啊"字("呀""哇""哪")用途较广,它既可以代替"呢",如"他来不来呀?"又在某些情况下代替"吗",如"你说的话都是真的啊?"反问语气也用"呢""吗",例如:"我哪能不相信呢!""难道你还不相信吗!"以上所讲的语气词还不能说是全面的,但是已经让人看见它们所表示的语气是非常丰富的。它们大部分都带着浓厚的感情色彩。

还有一种语气副词,同样地带着浓厚的感情色彩。现在举出"偏""竟""都""并""难道"这几个副词来谈一谈。"偏"字表示事情和人的情感相抵触,例如:"我要他去,他偏不去。""他要我说几句好话,我偏不说。"也可以说成"偏偏",例如:"昨天本想出去玩玩,偏偏又下大雨!"也可以说"偏生""偏巧",例如:"不想在车上碰见他,偏生他也上了这辆车,结果还是碰上了。""我要买的这本书,偏巧书店已经卖完了。""竟"字表示事情出乎意料之外,例如:"地主料不到农民竟敢起来打倒他们。"又可以说成"竟然"或"竟自",例如:"那么大的工程,竟然在短短几个月的时间内完成了。""他一声不响,竟自离开了这里。""都"字表示正面的强调,例如:"饭都凉了。""都是你出的主意!""这一片绿油油的庄稼,都是孩子们种的。""并"字表示反面的强调,例如:"他并不怕。""金钱并不能使人幸福。""难道"表示强烈的反问,例如:"难道不是帝国主义和反动派造成旧中国的贫困吗?""难道这件事还能算小事情吗?"汉语在这些地方也表现了它的民族特点。

还有一些副词,如"已"字表示事情已经过去,"将"字表示事情即将到来,"正"字表示事情正在进行,"仍"字表示事情的相同,"再"字表示事情的重复或连续,等等。这些副词在语言的表达上也都起着很大的作用。但是这些副词在其他语言中可以找到相当的词,不算突出的民族特点,这里就不多讨论了。

第二节 汉语的发展

语言是发展的。古代汉语和现代汉语不一样。语音和词汇发展得快些,语法发展得慢些。现在分别加以叙述。

一、语音的发展

语音方面,古今的不同最为人们所忽略了。这因为汉字不是拼音文字,即使古今的字形不一样,也只以为是字形的变迁,不以为是字音的变迁。何况从汉代到现在,字形也基本上稳定下来了。人们用今音读古书,一样读得懂,所以不会意识到古今音有什么不同。实际上,古今音的差别是很大的。

古代有韵尾 k、t、p,这是和现代汉语普通话完全不一样的。古代韵尾 k、t、p,到了现代汉语普通话里都失落了,和以元音收尾的字变为同音字了。例如:

例字	7世纪	现代
利	i	
历	like	lì
栗	lit	
立	lip①	
河	ḥɑ	
涸	ḥok	hé
曷	ḥot	
合	ḥop②	

带有韵尾 k、t、p 的字,是所谓入声字。现代普通话没有入声字,原来的入声字都分别归到阴平声、阳平声、上声、去声里去

①这是以汉语拼音字母为基础的一种音标。为了易懂,标音不太严格。以下同此。
②这里的 ḥ,严格地说,不同于现代普通话的 h,所以在 h 下面加一点,说明见下文。

了(关于古代的声调,下面还要谈到),入声字原有的韵尾 k、t、p 也都消失了,本来读音不同的字有许多变成同音了。

古代有三种鼻音韵尾,即 ng、n、m。现代普通话里 m 尾变为 n 尾,和原来的 n 尾合流,就只剩了 ng、n 两种韵尾了。例如:

例字	7 世纪	现代
当	dong ———	dang
单	don	
耽	dom	dan
星	sieng ———	xing
新	sin	
心	sim	xin

古今音不同,所以古代同韵的字到了现代不一定同韵。例如杜甫的《客至》诗:

舍南舍北皆春水,但见群鸥日日来。

花径不曾缘客扫,蓬门今始为君开。

盘飧(sūn)市远无兼味,樽酒家贫只旧醅。

肯与邻翁相对饮,隔篱呼取尽余杯。

韵脚	唐代	现代
来	loi	lai
开	koi	kai
醅	puoi	pei

　　　　杯　　　　buoi　　　bei

　　同样，现代同韵的字在古代不一定同韵；唐诗中不能互相押
韵的字到今天却可以押韵了。例如李季的《阳关大道》第二段：

　　党河大桥
　　座落在敦煌城南。
　　桥下是滚滚的流水，
　　桥上的大路直通阳关。

韵脚	唐代	现代
南	nom	nan
关	guan	guan

　　声母的情况也和韵母一样，许多声母起了变化。首先要说
的是浊音变了清音。所谓清音，指的是发音时声带不颤动；所谓
浊音，指的是发音时声带颤动。古代的 p、f、t、k、h、ch、sh、c、s
都分为清浊两类①，现在我们把浊音的一类写成 ḅ、ṿ、ḍ、g̣、ḥ、zh̩、
s̩ḥ、z̩、s̩。这类浊音叫做全浊。还有一类叫做次浊，就是 m、n、l、
r 等，以及今天普通话一部分念 w、y 开头的字。今天普通话里，
全浊已经消失了，它们都变了清音，以致某些字本来是清浊对立
的，在现代普通话里合而为一了。例如：

_____

①这并不是说，古代声母的发音部位与现代声母的发音部位完全相当。h、ch、sh 等
　声母在古代是另一些声母，但是这里只讲清浊问题，所以不详细讨论发音部位了。

例字	7 世纪	现代
霸	ba	
罢	ba	ba
付	fiu	
附	viu	fu
订	dieng	
定	dieng	ding
贵	guei	
柜	guei	guei
汉	hon	
汗	hon	han
致	zhi	
治	zhi	zhi
兽	shiou	
授	shiou	shou
再	zoi	
在	zoi	zai
宋	siuong	
颂	siuong	song

其次，值得注意的是 j、q、x 的来源。它们有两个来源：一个来源是 g、k、h(包括 ġ、ḥ)，另一个来源是 z、c、s(包括 ẓ、ṣ)。当它们在 i、ü 前面的时候，都不再保持原来的 g、k、h 或 z、c、s，而一律变成了 j、q、x。换句话说 g、z 和非平声的 g、z 都变了 j；k、 c 和平声的 g、ẕ 都变了 q；h 和 s 都变了 x。这样，许多不同来源的字的读音都合而为一了。例如：

例字	7世纪	现代
激	giek	ji
绩	ziek	
姜	giang	jiang
将	ziang	
惧	giu	ju
聚	ziu	
乔	giao	qiao
樵	ziao	
契	kiei	qi
砌	ciei	
区	kiu	qu
趋	ciu	
香	hiang	xiang
相	siang	
酗	hiu	xu
续	siouk	
休	hiou	xiu
修	siou	

　　声调系统的演变，比起声母和韵母来，稍为简单些。古代（中古）声调共有四种，即平声、上声、去声、入声。到了14世纪，

北方一部分地区已经不存在入声，而平声则分为两类，即阴平和阳平。清音字变阴平，浊音字变阳平。有人称为清平和浊平，那是不妥当的，因为全浊声母已经消失，这些声母只在声调中留下清浊的痕迹罢了。中古时代的四声和现代普通话的四声的对应关系如下（见下表）：

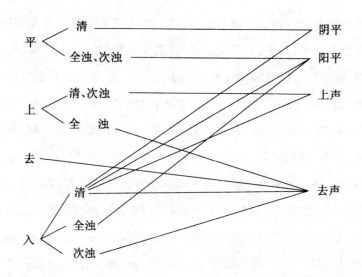

从上面的对应关系看来，中古去声的关系最简单，它到了现代普通话里仍旧是去声[1]。中古平声的关系也比较简单，它只是依照清浊两个系统分化为阴平和阳平罢了[2]。中古上声的关系比较复杂：清音字如"把""打""狗""浅""主""子"等，次浊字如

————————

①有少数例外，如"播"本属去声而读阴平。
②有少数例外，如"庸""微"本属阳平而读阴平。

"母""你""鲁""柳""有""尾""五"等，仍旧属上声，而全浊上声字如"动、项、技、雉、巨、叙、罢、罪、倍、尽、肾、愤、近、旱、伴、限、件、辩、肇、抱、鲍、祸、社、象、丈、荡、杏、幸、静、并、舅、妇、部、朕、淡、渐、湛、范"等，都转成去声了①。中古入声和现代普通话声调的对应关系最为复杂：次浊字变为去声，如"莫、溺、力、立、六、乐、袜、育、玉、岳"等②；全浊字差不多全部转成阳平，如"别、白、薄、独、敌、合、活、极、竭、轴、浊、熟、杂、凿、俗"等③，但是清音字则分散于阴平、阳平、上声、去声。读阴平的如"拨、逼、泼、劈、发、督、踢、鸽、郭、哭、喝、黑、忽、激、接、七、缺、屈、吸、歇、只、粥、插、吃、失、杀、说、擦、剥、削"等，读阳平的如"福、拂、德、格、革、阁、国、夹、急、吉、击、结、节、菊、决、觉、爵、惜、职、执、札、折、叔、则"等，读上声的如"百、北、笔、卜、发（头发）、笃、塔、铁、骨、渴、郝、给、戟、脚、乞、角、曲（歌曲）、甲、血（语音）、雪、眨、窄、嘱、尺、色（语音）、撒"等，读去声的如"必、壁、毕、不、迫、辟、腹、的、挞、忒、惕、拓、各、克、客、刻、阔、扩、赫、稷、泣、讫、恰、妾、壳、雀、确、隙、血、旭、蓄、陟、炙、祝、赤、斥、刹、彻、掣、触、绰、辍、式、识、适、煞、设、摄、束、朔、仄、作、侧、策、册、猝、促、蹴、撮、萨、飒、色、瑟、速、宿、肃"等。总起来说，入声字转成去声的最多，转成阳平的次之，转成上声的最少。

这里只扼要地谈了语音的发展概况，可以看出，语音的发展

---

① 个别字未转入去声，如"俭"(jiǎn)，反而是不规则的变化，可能是受"检"字的影响。
② 有少数例外，如"摸"读阴平。
③ 有少数例外，如"剧""续""特"读去声，"突"读阴平（也有人读阳平）。

是有规律的,而不是杂乱无章的。

二、词汇的发展

词汇方面,古今的变化也是很大的。斯大林说:"语言,主要是它的词汇,是处在差不多不断改变的状态中。工业和农业的不断发展,商业和运输业的不断发展,技术和科学的不断发展,就要求语言用工作需要的新的词和新的语来充实它的词汇。"①由此看来,语言的词汇是随着社会的发展而发展的。汉语词汇的发展情况也正是如此。

从出土的殷周铜器来看,当时的饮食用具有鼎(煮肉器),有簋(读 guǐ,又写作"簋",盛饭器),有簠(读 fǔ,方形的簋),有盨(读 xū,簋之一种),有豆(盛肉器),有敦(盛黍稷的祭器),有斝(读 jiǎ,温酒器),有盉(读 hé,温酒器),有爵(温酒器),有尊(饮酒器),有觚(读 gū,饮酒器),有觯(读 zhì,饮酒器),有卣(读 yǒu,贮酒器),有觥(读 gōng,贮酒器)等等。这些东西,随着时代的变迁而消失,今天只能在博物院里看见它们了。而今天我们所用的铁锅、盘子、碟子、杯子等等,却又不是上古时代所能有的上古虽也有所谓盘,那是洗手、洗脸、洗澡用的。。举这样一个例子,已经可以说明古今词汇的不同是由于社会的发展。

人类每次有一种发明或发现,都须要有一个新词或一些新词进入语言的词汇里。近代和现代的发明最多,新词也不断出现。近百年来,从蒸汽机、电灯、无线电、火车、轮船到原子能、同

---

① 斯大林《马克思主义与语言学问题》第 8 页,人民出版社 1953 年。

位素等等,数以千计的新词新语进入了汉语的词汇。还有哲学、社会科学、自然科学各方面的名词术语,也是数以千计地丰富了汉语的词汇。总之,近百年来,特别是最近五十年来,汉语词汇的发展速度,超过了以前三千年的发展速度。汉语的适应性很强,任何新的概念,都能完满地表达出来。汉语的词汇,是汉族人民在文化发展上的一种财富。

词义的变迁,也是值得说一说的一件事。词义的变迁有三种方式:第一是词义的扩大,就是词的含义扩大了;第二是词义的缩小,就是词的含义缩小了;第三是词义的转移,就是换了一个含义(这个含义必须是邻近的)。以身体部分为例:"眼、脸、身"是扩大的例子。"眼"的本来意义是眼球(睛,眼珠子),《晋书·阮籍传》说"籍能为青白眼"[①]。后来"眼"变为与"目"同义(包括眼球、眼睑、泪腺等),是"眼"的意义扩大了。"脸"的本来意义是颊(人有两颊,所以也有"双脸"),特别指妇女擦胭脂的地方(读 jiǎn),所以白居易《王昭君》诗里说"满面胡沙满鬓风,眉销残黛脸销红"[②]。"脸"和"面"是不同的。后来"脸"变为与"面"同义(读 liǎn),是"脸"的意义扩大了。"身"的本来意义是指颈以下、股以上的身体部分,所以《论语·乡党》说孔子"必有寝衣,长一身有半"。寝衣就是小卧被(一说是睡衣),长一身有半,指

①阮籍是晋代人,传说他的眼珠子可青可白。他瞧得起的人,就用青眼看;瞧不起的人,就用白眼看。
②王昭君是汉元帝的宫女,嫁给匈奴的单(chán)于(国王)。匈奴地方风沙大,所以说"满面胡沙满鬓风"。相传王昭君不愿离开汉朝,白居易设想她不再画眉搽胭脂,所以说"眉销残黛脸销红"。

比身还长一半，就是长到膝间。后来"身"变为指整个身体，是"身"的意义扩大了。"趾（zhǐ）"是缩小的例子。"趾"字的本来意义是足（今天叫脚），所以《诗经·豳（bīn）风·七月》说"四之日举趾"①，"举趾"就是"举足"。后来"趾"变为专指脚指头，是"趾"的意义缩小了。"脚"是转移的例子。"脚"的本来意义是胫（小腿），所以司马迁《报任安书》说"孙子髌（bìn）脚，兵法修列"②。髌脚和刖（yuè）足都是奴隶社会和封建社会的残酷刑罚，但是髌脚比刖足的刑罚更重。刖足是砍掉脚掌，还勉强能走路，髌脚则是去掉膝盖（膝盖是脚的开始），去掉膝盖以后，就完全不能走路了。后来"脚"变为与"足"同义，是"脚"的意义转移了。

我们应该把词义的变迁和词义的引申区别开来。词义的变迁是新义代替了旧义；词义的引申则是本义与引申义同时并存，例如"道"的本义是道路，引申为道理，道路和道理两个意义至今同时并存，并不是有了引申义以后，本义就消失了。引申义往往不止一个，例如"天"的本义是天空，引申义有：天然的（如"天性"），日（如"今天""明天""三天"），季节（如"冬天""冷天""三伏天"），天气（如"阴天""晴天"）等。这些引申义也不是一个时代的产物，拿"天"字来说，引申义"天然"已经很古了，而引申义"日"（一昼夜二十四小时的时间）却产生得较晚。

---

① 四之日：指四月。周代的四月，等于夏历的二月。举趾：指下地。二月下地开始耕种。

② 孙子：即孙膑，战国时代的大军事家。孙子的同学庞涓事魏惠王，妒忌孙子的才能，把他骗到魏国去，处以髌脚的刑罚。

汉语既然有四千年以上的历史,词汇的发展情况就特别复杂一些。尽管文字没有改变,我们今天要读懂古书,已经有很大的困难了。假定有一个七十岁的老人,从二十岁以后就住在国外,不和汉民族接触,也不看中国书报,今天他忽然回国,不但为祖国的伟大建设所震惊,同时也会为汉语词汇的巨大变化感到惊奇,从现在看从前,与从从前看现在,道理是一样的。

三、语法的发展

语法方面,变化虽然小些,但也不是一成不变的。现在提出两种语法结构来谈一谈:

第一是判断句。判断句在今天指的是用判断词"是"字造成的句子,如"中国是地大物博的国家""帝国主义是资本主义发展的最高和最后阶段"等等。判断句在上古汉语里是不用"是"字的。有人说上古的"为"字就是"是"的意思,但是上古判断句也不经常用"为"字。最普通的判断句的结构形式是主语部分后面稍有停顿,谓语部分后面加上一个"也"字,如"孔子,鲁人也"。现代的文章在千字以上的,判断词往往用到十个以上;上古时代的文章在千字以上的,一般来说,连一个判断词也找不出来。后来的判断词"是"字,是从指示代词"是"字发展来的。《论语·述而》说:"德之不修,学之不讲,闻义不能徙(xǐ),不善不能改,是吾忧也。"①这里的"是"字当"此"字讲,"是吾忧也"等于说"此吾

---

① 好的品质不能养成,学问不能讲求,听见了好人好事不能跟别人学,犯了错误不能改。这些事情都是我所担心的。

忧也"。指示代词"是"字在这种情况下正是处在后代判断句里的判断词所处的位置,所以逐渐变为带有判断词的性质,它的用途也逐渐扩大到其他判断句中去,于是"孔子,鲁人也",也变成了"孔子是鲁国人"了。

第二是处置式。我们把那些借助于副动词"把"字把宾语提到谓语前面的结构叫做处置式,处置式的作用是对某事物进行处理,例如"把敌人消灭干净""把革命进行到底"等;或者是产生某种影响或后果,例如"风把他给吹病了""我昨天骑车,把一个小孩儿给碰了"。这种处置式,不但上古时代没有,连中古时代也不常见。《孟子·梁惠王下》说:"为巨室,则必使工师求大木。工师得大木,则王喜,以为能胜其任也。匠人斫(zhuó)而小之,则王怒,以为不胜其任矣。"①其中"匠人斫而小之"一句,译成现代汉语应该是"木匠把它砍小了"。这就显示古今语法的不同。不难看出,古代那种语法结构比较笨重,如果宾语很长,就更笨重了,后代用"把"字把宾语提到前面去,就使结构变得紧凑。这是汉语语法上的一大进步。

这里不能一一地叙述各种语法结构的历史演变。总之,我们要遵守这样一个原则:我们在研究语法史的时候,不要以为现代有的东西古代一定有,也不要以为古代没有的东西现代就不能有。

①要造大房子,必须使工程师去找大木材。工程师找到了大木材,大王您就高兴,以为他能完成任务。如果木匠把这些大木材砍小了,您就会发怒,以为他没有完成任务。

第三节　汉语的亲属及其方言分类

汉语方言是历史形成的。各地的方言无论如何复杂,追溯到最后还是同出一源。这就说明了为什么各地方言的语音有着对应的规律,词汇有许多共同的地方,语法更是基本上相同。

方言区域的划分,是一件十分复杂而又细致的事情。我们不能简单地认为互相听不懂话就算两种不同的方言。一般地说,甲地懂乙地的,乙地懂丙地的,而甲地和丙地互相听不懂,如果单凭懂不懂作为标准,方言区域的界限就定不下来。因此,要确定方言分区,必须先定标准。到目前为止,语言学家们主要根据的是语音标准,例如吴方言的标准之一是保存着古代的全浊音。湘方言虽也大致具备全浊音,但是发音方法和吴方言不是一个类型,而且有些地方与古代的全浊音系统不完全相当,所以湘方言应该算是另一种方言。

汉语方言共分为多少种,现在还没有定论。依我现在的意见,大致可以分为六种:(1)北方方言,这是区域最大的一种。虽叫北方方言,其实是从东北起,到西南止,包括长江以北地区,长江以南镇江以上九江以下地带,湖北(东南角除外)、四川、云南、贵州四省,湖南省西北角及广西北部。(2)吴方言,包括江苏省长江以南镇江以东的大部分以及浙江全省。(3)湘方言,在湖南省(西北部除外)。(4)赣客方言。这种方言又可再分为赣方言和客家方言。赣方言包括江西省的大部分和湖北省东南角。客家方言散布在广东、广西、福建、江西等省(自治区)。湖南、四川两省也有少数说客家话的。(5)闽方言,包括福建大部分,台湾,广东潮州、汕头一带以及海南岛。闽方言又可以分为闽北话和闽南话。闽北话以福州为代表,闽南话以厦门为代表。(6)粤方言,包括广东的中部、西部、南部,广西的南部、东部、西部。当然,大方言区还可以再分为小方言区,区与区之间有亲疏远近的分别,这里不详细讨论了。

从历史上看方言的发展,会引起人们很大的兴趣。原来这些方言都是兄弟姊妹,各自保存着老祖宗的一些东西。在语音方面,表现得最为明显。

我们说甲语言和乙语言有亲属关系,意思是说它们有共同的来源。斯大林指示我们说[①]:

> 其实不能否认语言的亲属关系,如各种斯拉夫民族语言的亲属关系是无疑地存在的;研究这些民族语言的亲属关系,是会使语言学在研究语言发展规律方面有很大益处的。

俄语、波兰语、捷克语、保加利亚语等,都属于斯拉夫语系,因此它们是有亲属关系的。汉语的亲属是哪一些语言呢? 就中国境内来说,少数民族的语言,许多是和汉语有亲属关系的,如苗语、瑶语、壮语、黎语、傣语、藏语等。就中国境外来说,暹罗语、越南语、缅甸语等,也是和汉语有亲属关系的。这些语言所

---

① 斯大林《马克思主义与语言学问题》第 32 页,人民出版社。

属的语言系族,西洋人把它叫做藏缅语系(以藏语、缅语为代表),或印支语系(由印度支那得名)。我们认为应该叫做汉藏语系,因为在这一个语系里,汉语是最主要的一种语言。

世界语言的系族略见下页的表①。

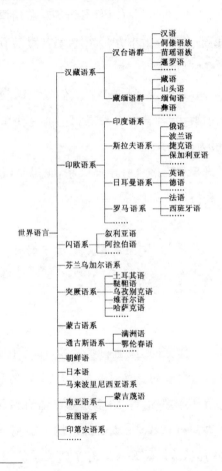

---

①参看伊凡诺夫《语言的谱系性分类与语言亲属的概念》第 20—53 页。又罗常培《国内少数民族的语言系属和文字情况》,《科学通报》二卷五期第 491—492 页。

在这一个表中,我们应该注意的是汉语所在的位置。"世界语言"这四个字只表示世界上有这些语言,并不是说世界上所有语言都同出一源。因此,汉语的亲属语言只限于汉藏语系之内。

侗傣语族主要分布在广西、云南、贵州、海南岛等处,包括侗语、水语、莫语、壮语、布依语、傣语、黎语等。苗瑶语族主要分布在湘西山地、广西、贵州、云南和广东西部山地,包括苗语、瑶语等。藏缅语群就中国境内来说,主要分布在西藏、四川、青海、云南、贵州等处,包括藏语、景颇语(卡亲语)、茶山语、浪速语、纳苏语、撒尼语、阿细语、拿喜语(么些语)、民家语等。这些语言都是汉语的亲属。

现在谈到汉语方言的分类。汉语方言,应该分为多少类呢?由于方言调查工作没有完成,我们还不能确定。大致说来,可分为五大系。

一、官话方言,即华北方言、下江方言、西南方言[①]

1. 冀鲁系　包括河北、山东及东北等处

2. 晋陕系　包括山西、陕西、甘肃等处

3. 豫鄂系　包括河南、湖北

4. 湘赣系　包括湖南东部、江西西部

5. 徽宁系　包括徽州、宁国等处

6. 江淮系　包括扬州、南京、镇江、安庆、芜湖、九江等处

7. 川滇系　包括四川、云南、贵州、广西北部、湖南西部

---

①这几种方言从前叫做官话。以下的叙述,为了简便,仍沿用旧称。

二、吴语①

1. 苏沪系　包括苏州、上海、无锡、昆山、常州等处②
2. 杭绍系　包括杭州、绍兴、湖州、嘉兴、余姚、宁波等处
3. 金衢系　包括金华、衢州、严州等处
4. 温台系　包括温州、台州、处州等处

三、闽语

1. 闽海系　包括福州、古田等处
2. 厦漳系　包括厦门、漳州等处
3. 潮汕系　包括潮州、汕头等处
4. 琼崖系　包括琼州、文昌等处
5. 海外系　指华侨的闽语,在新加坡、暹罗、马来半岛等处

四、粤语

1. 粤海系　包括番禺、南海、顺德、东莞、新会、中山等处
2. 台开系　包括台山、开平、恩平等处
3. 西江系　包括高要、罗定、云浮、郁南等处
4. 高雷系　包括高州、雷州等处
5. 钦廉系　包括钦州、廉州等处
6. 桂南系　包括梧州、容县、贵县、郁林、博白等处

---

①这里的"吴语"是采用的一般叫法,严格地说,该叫"吴方言"。
②编者注:文集本将杭绍系的"湖州、嘉兴"移至苏沪系。

7. 海外系　指华侨的粤语,在美洲、新加坡、越南、南洋群岛等处

五、客家话

1. 嘉惠系　包括梅县、惠阳、大埔、兴宁、五华、蕉岭、丰顺、龙川、河源等处
2. 粤南系　散布台山、电白、化县等处
3. 粤北系　散布曲江、乳源、连县一带
4. 赣南系　在江西南部
5. 闽西系　散布福建西北一带
6. 广西系　散布广西东部、南部各县
7. 川湘系　散布四川、湖南等处
8. 海外系　指华侨的客家话,大部分在南洋、印度尼西亚

上列五大系,其畛域颇为清楚[①];至于每系所分诸小系,则系初步调查的结果,还未能作为定论。

方言区域和政治区域不一定相当。河北、山东虽分两省,其方言可认为同属官话系;常熟与南通(城内)不但同属一省,而且仅隔一江,但其方言却分属吴语与官话两系。再说,为了迁徙的关系,两种不同的方言是可以同存在于一个小区域之内的。例如一县甚至一村之内,可以有两种不同的方言。客家话之在广西,大都散布各地,并不能独占一个区域,就是方言可以杂处的证据。

----

①但也有人以湘语独立为一系。

从表面上看,方言的区域是很难分的。假定有某字,其读音因地而异,如下表:

甲地　　ka

乙地　　ko

丙地　　ga

丁地　　go

若以声母而论,我们该认甲地与乙地为同系,丙地与丁地为同系;若以韵母而论,我们又该以甲、丙两地为同系,乙、丁两地为同系。这样,就语音方面划分汉语方言的区域,好像是做不到的。至于词汇、语法两方面,也有类似的难关。

那么,我们凭什么能把方言分类呢?要分语言为某某几系,必须先替每系下一个定义。依汉语情形而论,方言的分类最好以语音为标准,因为语法的分别很微,而词汇的分别也不太大。我们如果在语音方面替某语系下一个定义,那么,凡合于这定义的就归此系,问题就解决了,例如吴语的定义该是:

1. 有浊音[b'、d'、g'、v、z],与古代浊音系统大致相当;

2. 无韵尾[－m、－p、－t、－k];

3. 声调在六类以上,去声有两类。

像这样下了定义之后,当然也有少数方言是在交界线上的,例如江苏丹阳没有[b'、d'、g'],却合于吴语其余一切条件。这种方言我们只好叫它"准吴语"了。

第二章　方言

汉语是应用很广泛的一种语言。随着中华人民共和国国际声望的提高,汉语在国际上的地位越来越重要了。中国是一个多民族的社会主义国家,在中国共产党和毛主席的正确领导下,我国的社会主义文化正在蓬勃地发展着,各民族的语言也都获得了发展;同时,汉语被用作全国各民族交际的语言,在民族文化交流中起着巨大的作用。

汉语又是世界上历史最悠久的语言之一。从文献上看,汉语已经有四千年的历史,而实际上一定远在有文献记载之前,汉语就已经存在了。

我国由于地方大,人口多,汉语不免有方言的差别。但是从东北到西南的广大地区,大家说着彼此听得懂的话,也就是普通话或者接近普通话的语言。这个广大地区的人口约占全国汉族人口的百分之七十左右,这是不少的人数。其他方言的差别也不像人们想象的那么大。就词汇说,大部分是全国一致的;就语法说,差别更小;就语音说,也有对应的规律。因此,除了特殊情况之外,各方言地区的人也不是互相完全听不懂话的。全体汉族人民拥有共同的文字,成为民族团结的纽带,同时也显示出汉语有它的统一性。不管方言有多大的差别,绝不是像资产阶级学者污蔑我们的,成为几种不同的语言。今天我们的党和政府正在大力推广普通话,可以断言,将来各地的方言会逐渐向普通话集中,汉语的统一性还将进一步加强。汉语为祖国人民服务,一定会比今天服务得更好。

第一节　方言的语音

古代入声在现代普通话里消失了，但是在吴方言、湘方言、赣客方言、闽方言、粤方言都保存着入声。粤方言所保存着的古入声三个系统（以 k、t、p 收尾）最为完整，例如：

例字	7 世纪	现代广州话
历	like	lik[①]
栗	lit	löt
立	lip	lap
涸	hok	kok
曷	hot	hot
合	hop	hap

客家话和闽南话也保存着 k、t、p 这三个入声韵尾，但是不十分完整，例如客家话"历"字读 lit，闽南话"栗"字读 liek。闽北话完全没有 t 尾和 p 尾，福州的"历"和"立"都是 lik，"栗"是 leik。赣方言跟客家话比较接近，但是入声三个系统比客家话分得清楚，只是有些地方（如临川）以 ʔ 代 k。ʔ 是比 k 发音部位更后的一个辅音，语音学上叫做喉塞音。以上是第一类，这类的特点是有 k、t、p 收尾，或者是有其中的一两种收尾。

---

①凡与汉语拼音方案不同的拼法，都是方言里特殊的读音。要彻底了解方言里的特殊读音，必须听方言区的人发音，并且向他们学习。读者在这些地方只要知道大意就行了。

吴方言所保存的入声不能再分为三个系统,例如上海的"历""栗""立"一律读 li？。北方方言中,也有一些地区保存着入声,如山西省的大部分,河北省南部的武安、磁县,河南省北部的安阳、博爱一带,河北省北部的宣化,内蒙古的呼和浩特、卓资一带。四川省也有个别地区有入声。以上是第二类,这类的特点是一律以喉塞音收尾。

湘方言所保存的入声不但没有 k、t、p 收尾,连喉塞音收尾也没有,例如长沙的"历""栗""立"一律读 li,与"离"字同音不同调。"离"字是个低升调,而"历""栗""立"是个高升调。这是第三类。从韵母的观点看,在这个方言区域中,入声已经没有什么特点了。

关于鼻音韵尾的三分法(收 ng、收 n、收 m),也是粤方言保存得最完整。例如广州的"当"读 dong,"单"读 dan,"耽"读 dam;"星"读 sing,"新"读 san,"心"读 sam。闽南话和粤方言在这一点上相类似,例如厦门的"当"读 dong,"单"读 dan,"耽"读 dam;"星"读 sing,"新"读 sin,"心"读 sim。客家话虽然也保存着三分法,但是在某些情况下,ng 并入于 n,例如梅县"当"读dong,"单"读 dan,"耽"读 dam;但是"星"读 sên,"新"读 sin,"心"读 sim。闽北话另是一种情况,它没有 n 尾,所有古代 n 尾的字都并入了 ng 尾,但是 m 尾仍旧是独立的。赣方言与现代普通话在这一点上相类似,因为它丧失了 m 尾,古代 m 尾的字并入了 n 尾,但是 ng 尾仍旧是独立的。西南官话(北方方言的一支)的 ng 尾在 i、e 的后面不能保持,所以"星""新""心"一律读 sin，"争""真""针"一律读 zhen（"争"在普通话里读 zheng）。吴方言 ng 尾和 n 尾在 i、e 的后面可以自由交替（例如"心"既可读 sing，又可读 sin），这一点和西南官话近似；但是 n 尾在 a 的后面不能保持，变为元音收尾（如"单""耽"在上海读 dê，"寒""含"在上海读 hö），这是吴方言的特点。湘方言在某些地区还有 ng 在 i、e、a 后面都不能保持的现象，一律变为 n 尾，例如长沙"当""单""耽"一律读 dan，"星""新""心"一律读 sin。

古全浊声母在吴方言中保存得最完整，例如上海"罢"ḅo 不同于"霸"bo，"附"vu 不同于"付"fu，"定"ḍing 不同于"订"ḍing，"柜"guê（或 ju）不同于"贵"guê（或 ju），"汗"ḥö 不同于"汉"hö，治 ẓi 不同于"致"zi，授 ṣê 不同于"兽"sê，"在"Ṣê 不同于"再"zai，"颂"ṣong 不同于"宋"song。湘方言某些地区也保存着古全浊声母，例如沅江，但是多数地方还是靠着一种低调来反映古全浊声母。如果说吴方言的全浊声母是既浊又低的话，长沙等地则是低而不浊了。用低调来反映古全浊声母的还有粤方言。下文谈到声调的时候，还要回到这个问题上来。

古代的 g 系统和 z 系统，要算粤方言、闽方言、客家方言保存得最完整了。在这些地区中，zh 系统和 z 系统有时混合，但是 z 系统绝对不跟 g 系统混合。原因是 g 系统保存着原来的发音部位。广州的"激"gik 不同于"绩"zik，"姜"göng 不同于"将"zöng，"惧"göü 不同于"聚"zöü，"乔"kiu 不同于"樵"ciu，"契"kai 不同于"砌"cai，"区"köü 不同于"趋"cöü，"香"höng 不同于"相"söng。广州虽然把"休"字读成 yao，但是仍然不跟"修"（读

sao）相混。闽方言和客家方言的情况跟粤方言在这一点上非常相似。厦门、梅县的"休"读 hiu，比广州话更合乎古音了。

在全国大多数地方，g、k、h 在 i、u 的前面都变了 j、q、x[①]。但是这不意味着一定要跟 z 系统相混合。如果 z 系统保存原来的声母不变，就形成了 j 系统和 z 系统对立的局面。京剧的传统唱法中，演员们要辨别尖团音。所谓团音就是 j 系统，尖音就是和 j 系统相对立的 z 系统（在 i、ü 的前面）。一方面可以说京剧的发音有存古的性质，另一方面是由于京剧来自汉调和徽调，保存着原来尖团的区别。不但吴方言和湘方言在绝大多数地区能区别尖团，即以北方方言而论，相当多的地区也能区别尖团。例如开封的"绩"zi 不同于"激"ji，"将"ziang 不同于"姜"jiang，"聚"zü 不同于惧 jü，"樵"ciao 不同于"桥"qiao，"砌"ci 不同于"契"qi，"趋"cü 不同于"驱"qü，"相"siang 不同于"香"xiang，"续"sü 不同于"酗"xü，"修"siu 不同于"休"xiu。

声调分为阴阳，是受了清浊音的影响。演变的过程可能是这样：在中古时代，同一声调的字，由于声母有清有浊，影响到声调的高低有细微的分别，但是那种分别太细微了，以至不能构成两个声调，例如"通"和"同"在中古时代同属平声，而无所谓阴平和阳平。但是，后来这种分别越来越明显了，就构成截然不同的两个声调了。特别是全浊音消失以后，阳调类成为浊音的遗迹，声调要分阴阳，就变为更加重要了。

声调既然受清浊声母的影响而分为阴阳，古代的四声演变

---

①北方方言只有胶东话没有变。

到现代，原则上应该分为八个声调，即阴平、阳平、阴上、阳上、阴去、阳去、阴入、阳入。实际上，有些方言也正是这样。浙江大部分地区（如绍兴、温州）都能按照清浊系统区别八声。广东潮州虽然丧失了全浊声母，仍旧能辨别八声。有些方言超出了八声。广州话有九个声调，因为入声分为阴入、中入、阳入。中入在名义上虽然算是中性的（不阴不阳），在系统上则该算是阴入的一个分支，因为读阴入和中入的字都是古代的清音字。分化的条件是短元音读阴入，长元音读中入。例如"北"bak，"百"ba:k①；"笔"bat，"八"ba:t；"急"gap，"甲"ga:p。广西博白入声有四个声调，阴入和阳入各分为急声和缓声。阴入急声等于广州的阴入，阴入缓声等于广州的中入（收字稍有不同），阳入急声和阴入缓声分化的条件也是短元音读急声，长元音读缓声。许多方言不足八声。吴方言多数只有七声，如苏州没有阳上，因为浊音上声字都读成了阳去。客家话只在平入两声分阴阳，所以总共只有六声。长沙话文言有五个声调，即阴平、阳平、上声、去声、入声；白话有六个声调，因为去声也分阴阳。北方方言如果是有入声的，就有五个声调，像安阳；如果没有入声，就只有四个声调（阴平、阳平、上声、去声），像北京。在没有入声的方言里，古入声的归属情况也不一致：西南官话古入声一律归入阳平，黄河以北就各有不同。昌黎离北京不远，北京古入声归上声的很少，而昌黎古入声归上声的很多。

我们在研究方言的声调的时候，必须把调类和调值区别开

---

①元音后面加两点，表示长元音。

来。调类是声调的归类,即声调的系统;调值则是声调高低升降的具体情况。我们说汉语方言的声调有着对应的规律,是指调类而言,例如吴方言分去声为阴阳两类,这两类合起来就等于北京的去声,对应规律是很明显的。至于调值,则各地变化多端,并不能规定全国的阴平一定读什么调值,阳平一定读什么调值,等等。一般说来,阴调类是高调,阳调类是低调(吴方言、粤方言都是这样),但是也有相反的情况。天津离北京不远,北京阴平是个高调,天津阴平却是个低调。粤方言和客家方言入声都分阴阳,但是广州的阴入高而阳入低,梅县的阳入高而阴入低(广州读"福"像梅县读"伏",广州读"伏"像梅县读"福")。广州的阴去读中平调,正像长沙、桂林、昆明的阴平,如此等等。当我们听见一个重庆人说"重庆"像北京话的"宠勤"的时候,不要笑他把阳平读成上声、把去声读成阳平。重庆话阳平的调子正是应该像北京话上声(与另一字连读时)的调子,重庆话去声的调子正是应该像北京阳平的调子。

第二节　方言的词汇

词汇方面,方言之间的差别不像语音那样富于系统性,但是也不是没有任何条理的。首先应该强调各地方言词汇的巨大共同性。总的说来,书面语言是全国一致的。也就是说,比较"文"的话是全国一致的,像"光荣属于中国共产党""勤俭建国""力争上游",在全国汉语方言里,决不会有别的说法。试拿《人民日报》的一篇社论用广州音念给广州人听，听的人一定完全听得懂，可见方言之间的最大障碍在于语音，而不在于词汇。

固然，方言里有些很"土"的字眼儿。但是，当人们跟外地人交谈的时候，往往注意到把那些很"土"的字眼儿收起来，用一些较"文"或者是较"普通"的字眼儿来代替，例如北京话"头"叫"脑袋"，但是北京话同时也有"头"这个词，北京人对外地人说话时，常常注意说"头"，不说"脑袋"①。又如北京土话里有一个"率"(shuǎi)字，表示干脆利落或漂亮的意思（"这孩子说话真率，做事也率""这字写得真率"），北京人对外地人不说这个词，也同样能表达思想，如说"说话漂亮""做事漂亮""字写得漂亮"，等等。

同时我们也要注意到，的确有一些词是带有地方色彩的，例如"脖子"等于文言的"颈"，但是北京只说"脖子"，不说"颈"；广州只说"颈"，不说"脖子"；苏州说成"头颈"，也不说"脖子"。又如"胳膊"等于文言的"臂"，但是北京只说"胳膊"或"胳臂"，不说"臂"，广州只说"手臂"不说"胳膊"，苏州说成"臂膊"，也不说"胳膊"。这样，就不能靠文言词来交际了。

亲属的称呼，各地常常不一致。北京话里"妻子"(qī zǐ)和"妻子"(qī zi)不同，"子"字念重音时，则"妻子"是"妻和儿女"，"子"字念轻音时，则"妻子"等于说"妻"。有时候，加"儿"和不加"儿"也有很大的分别："媳妇"(xí fu)是儿子的妻子（也叫"儿媳妇儿"），而"媳妇儿"则是妻子。有时候是韵母稍有变化，如"伯(bó)父"指父亲的哥哥，而"大伯(bǎi)子"则指丈夫的

---

① "头"与"脑袋"的意义也不完全相同，这里讲的是它们可以互相代替的时候。

哥哥。苏州话的"娘"和"娘娘"不一样:"娘"念阳平,指母亲;"娘娘"念阴平时指姑母,念阳平时指皇后或女神(旧时迷信的说法)。广西博白县有个"嬭"字(念 mê),念阴平时指母亲,念阳平时指祖母。广州话虽然兄与弟并称时仍说成"兄弟",但是一般人总以"大佬"指兄,"细佬"指弟。有些亲属名称很特别,如粤方言多称父亲为"老豆",客家方言多称母亲为"哀"或"哀子",苏州话称妻子为"家小"或"家主婆"。在亲属称呼上,最能显示方言的特点。

在农作物的名称上,方言的分歧也相当大。北方人把粟(小米)叫做"谷子",南方人把稻的果实叫做"谷"或"谷子"。玉蜀黍在各地的名称最为分歧,如北京称为"玉米""老玉米""棒子(玉米的果实)",苏州称为"俞麦",昆明称为"包谷",广州称为"粟米",等等。

对于近代科学发明的东西,各地也有不同的名称。火柴在北京也叫"取灯儿",在上海叫"自来火",在广州叫"火柴"。"肥皂"在北京也叫"胰子",在上海叫"肥皂"("肥"说成 bí),在广州叫"番枧"("枧"念 gǎn)。水泥在北京也叫"洋灰",在上海叫"水门汀",在广州叫"士敏土"。这一类的情况也很不少。

方言的分歧有时候会引起一些误解。北京所谓"老儿子""老闺女""老妹子",并不是最老的儿子、最老的女儿、最老的妹妹,而是最小的儿子、最小的女儿、最小的妹妹。广州所谓"马蹄"并不是马的蹄,而是荸荠。上海的"喊"是叫("侬去喊伊来"等于"你去叫他来","喊伊老周"等于"叫他老周");北京的"喊"

是高声叫("喊口号"),广州的"喊"是哭("你一闹佢,佢就喊"等于"你一说他,他就哭")。这些地方就显得方言词汇的地方色彩特别浓了。

古代的词保存在各方言中的情况也不一样。一般地说,北方方言发展得快,南方方言则比较富于保守性。不但语音方面如此,而且词汇方面也如此。拿粤方言来说,名词如"面""颈",形容词如"利"(刀利)"肥"(人肥),动词如"行""入""饮""食"等,都是古代沿用下来的词。现代北方话虽也沿用这些词的古代意义,但是只在特定的情况下使用它们,如"笑容满面""长颈鹿""利刃""食言而肥""步行""入门""饮水思源""食品"等。在一般情况下,它们已经被"脸""脖子""快""胖""走""进""喝""吃"所代替了。个别的词的古义甚至不再在现代北方话里留下痕迹,例如"走"字,大家只知道它当"行路"讲,除非是懂古文的人,才知道它当"跑"讲;但是广州话里的"走"字正是当"跑"讲的。假使一个不懂体育常识的广州人(或其他粤方言区的人),听人家说"竞走",还会以为是"赛跑"呢!有人把成语"走马看花"改成"跑马看花",也是因为不知道成语中的"走马"本来就是"跑马"的意思。

第三节　方言的语法

语法方面,方言的区别是微小的。以词序而论,全国汉语方言的词序是基本上一致的。曾经有人注意到:北方人说"我到广州去",南方人说"我去北京"。但是现在北方也有不少人说"我去广州"了。现在粤方言的词序与普通话不同的,主要只有三点:第一,个别形容词用作状语时,放在它所修饰的动词的后面,如"我先走"在粤方言里是"我行先";"多买三斤肉"在粤方言里是"买多三斤肉"。第二,粤方言在使用双宾语的时候,近宾语指物,远宾语指人,跟普通话近宾语指人、远宾语指物不同,如"给他十块钱"在粤方言(广州话)里是"畀十个银钱佢(畀,给;佢,他)"。第三,在比较的时候,粤方言不用"比"字,而用"过"字,形容词后面紧接"过"字,"过"字后面才出现被比较的事物。如"猫比狗小",在广州话里是"猫细过狗"。

吴语最突出的词序表现在疑问语气词"阿"字的位置上。"阿"字所表示的语气等于普通话的"吗"字,但是它所在的位置和"吗"字所在的位置正相反。"吗"字用于句尾,"阿"字用于谓语的前面。例如"你要吃吗"?译成上海话是"侬阿要吃"?此外也有状语后置的情况,例如"上海快到了",说成"上海到快哉";"南京夏天太热了",说成"南京夏天热勿过",等等。

虚词的差别,是方言语法上最大的差别。这里简单地举出几个例子。说服语气在北京用语气词"啊",在苏州用语气词"惑"(wë?),在广州用语气词"嘧"(bǒ),例如"他说得不错呀(啊)",译成苏州话是"俚讲得不错惑",译成广州话是"佢讲得呒错嘧"。介词"的"字在北京说"的",在苏州说"葛"(gë?),在广州说"嘅"(gê),例如"我的书"译成苏州话是"我葛书",译成广州话是"我嘅书"。表示动作在进行中的副词,在北京是"正在",在苏州是"勒浪"（leʔ lòng），在广州是"紧"（gǎn），例如"他正在吃饭"，译成苏州话是"俚勒浪吃饭"，译成广州话是"佢食紧饭"（注意："紧"在"食"的后面）。

代词则不但在词形上有差别，在用法上也有不同。在北京话里，第一人称复数有包括式和排除式的分别：包括式用"咱们"，包括对话人在内；排除式用"我们"，不包括对话人在内①。例如主人送两位客人到门口，一位客人对主人说："我们走了，咱们再会吧。"这种区别在别的方言里是少见的②。在北京话里，指示代词只分近指和远指："这个"是近指，"那个"是远指。至于苏州话里，指示代词则分为三种：近指、远指和特指。近指和远指跟普通话一样，特指则是指那些不在眼前而只是提及的事物，表示这事物的名词前面一般要带修饰语。例如"该葛人是广东人，归葛人是上海人，昨日来倪屋里葛葛人是北京人"（"这个人是广东人，那个人是上海人，昨天来咱们家那个人是北京人"）。其中"该葛"是近指，"归葛"是远指，"葛葛"是特指③。

拿北京话和苏州话来比较，处置式也各有不同。北京话处置式用"把"字，苏州话处置式用"拿"字。例如"把他打了一顿"，在苏州话是"拿俚打仔一顿"。北京"拿"字用在方式状语里，如"拿水浇花"（不能说"把水浇花"）；"把"字用在处置式里，如"把他打了一顿"（不能说"拿他打了一顿"）。苏州话则无论方式状

---

①近年来北京话受别的方言的影响，"我们"也用于包括式，但是"咱们"决不用于排除式。

②厦门话也有这种区别。

③"葛"就是"个"字的转音。

语或处置式,一律用"拿"字(上海等地都是这样)。前面说过,上古时代(直到中古 8 世纪左右)没有处置式。粤方言比较富于保守性,所以至今没有处置式。"把他打了一顿"译成广州话只能是"打咗佢一顿"(咗,读 zhǒ,是"了"的意思)了。

由上面的事实看来,所谓方言间的语法差别是微小的,只是相对而说的。我们如果要学习自己方言以外的某一方言,除了学习语音、词汇以外,也必须学习语法。

第三章　语音

第一节　汉语与四呼

汉语每字只有一个音节,例如"良"字,译成拉丁字母该是 liang。

仔细观察起来,"良"字第一个音素 l 是一个辅音,也叫做声母(在中国音韵学上,我们称这一类字的第一个音素为声母)。第二个音素 i 是一个半元音,严格地说起来,该写作[ǐ]或[j]。第三个音素 a 是"良"字的主要元音,换句话说,就是"良"字的主要骨干。第四个音素 ng(ng 只算一个音素,国际音标写作[ŋ])是一个辅音,其实只念半个。从第二至第四音素,在中国音韵学上,我们称为韵母。

又如"高"字,译成拉丁字母该是 kau。仔细观察起来,第一个音素 k 是一个辅音,是声母;第二个音素 a 是主要元音;第三个音素是一个短弱的元音,可称为次要元音。

有一点应该特别注意:在一个汉字里,如果似乎有两个以上的元音,则其中必有该认为半元音,或次要元音的。次要元音与半元音都很短很弱,不能自成音节,必须附加于主要元音之前或之后才成音节,例如"表"字,译成拉丁字母该是 piau,我们必须把 i 与 u 念得很短很弱,然后"表"字只算包含一个音节,合乎一字一音的原则。如果把它们也念得像 a 音一样长和一样强,那么成为 pi—a—u,该说是一字三音,就不像汉语了。

为方便起见,我们把主要元音称为韵腹;韵腹前面的半元音称为韵头；韵腹后面的次要元音或辅音称为韵尾。有些字是韵头、韵腹、韵尾兼备的，例如刚才所举的"良"(liang)字。又如：

先 sian　宣 syan　酸 suan　飘 p'iau　姜 kiang

有些字是只有韵头、韵腹，而没有韵尾的。例如：

借 tsie　过 kuo　卦 kua　话 hua

有些字是只有韵腹、韵尾，而没有韵头的。例如：

高 kau　东 tung　根 ken　来 iai

有些字是只有韵腹而没有韵头、韵尾的。例如：

路 lu　基 ki　波 po　怕 p'a

汉语有了这种特性，于是中国音韵学上有"四呼"的说法。让我先介绍四呼的名称与清初音韵学家潘耒所下的定义：

开口呼　　初出于喉，平舌舒唇；

齐齿呼　　举舌对齿，声在舌腭之间；

合口呼　　敛唇而蓄之，声在颐辅之间；

撮口呼　　蹙唇而成声。

这种说法似乎很神秘难懂，其实，如果我们另换一种说法，就非常容易懂了：

开口呼仅有韵腹[a][o][ə]，或[a][o][ə]后面带有韵尾者；

齐齿呼韵头或韵腹是[i]；

合口呼韵头或韵腹是[u]；

撮口呼韵头或韵腹是[y]。

四呼的学说仍有保存的价值，因为它是汉语一字一音的自然产品,拿它去说明汉语字音的演变与方音的异同,是很方便的。

就历史上看,有许多字是古属彼呼,今属此呼的,而各地方言的演化又各有不同,例如真、侵两韵,在古代是属于齐齿呼的,现代只有闽语与部分客家话能完全保存齐齿呼,在官话与吴语里就有一部分变入开口呼,粤语则完全变了开口呼。今用较严格的音标(即国际音标)列表举例:

韵部	真韵					侵韵				
例字	真	陈	身	新	亲	针	沈	深	心	今
中古音	tɕiĕn	d'iĕn	ɕiĕn	siĕn	tsʻiĕn	tɕiəm	d'iəm	ɕiəm	siəm	kiəm
闽语 (福州)	tɕiŋ	tiŋ	siŋ	siŋ	tɕʻiŋ	tɕiŋ	tiŋ	tɕʻiŋ	siŋ	kiŋ
客家话 (惠阳)	tʃin	tʃʻin	ʃin	sin	tsʻin	tʃim	tʃʻim	tʃʻim	sim	kim
官话 (北京)	tʂən	tʂʻən	ʂən	ɕin	tɕʻin	tʂən	tʂʻən	ʂən	ɕin	tɕin
吴语 (苏州)	tsən	zən	sən	sin	tsin	tsən	zən	sən	sin	tɕiən
粤语 (广州)	tʃɐn	tʃʻɐn	ʃɐn	ʃɐn	tʃʻɐn	tʃɐm	tʃʻɐm	ʃɐm	ʃɐm	kɐm

北方官话与吴语都具备四呼。客家话没有撮口呼,故实际上只有三呼。在西南官话、粤语与闽语当中,有些方言是具备四呼的。如四川、广州、福州;另有些方言是缺少撮口呼的,例如云南、贵州的大部分、广西南部与厦门。撮口呼必须有元音的[y](韵腹)或半元音的[y](韵头)。这[y]乃是[i]与[u]的混合音,

舌的姿势像[i]，唇的姿势像[u]，并不是十分普通的音。俄语与英语里就没有它。德语虽有元音的[y]，却也没有半元音的[y]。法语才是二者兼备的。单就有无撮口呼而论，我们可以说：北方官话、吴语、广州话、福州话类似法语；客家话、厦门话、广西南部和云南、贵州大部分的话类似俄语与英语。

在汉语里，所谓韵头的[i、u、y]，不一定是真正的[i、u、y]，有时候可以是[e、o、ø]，例如"良"字，在某一些方言里可以念成leang，而我们仍旧觉得它是齐齿呼。为求语音系统的整齐，也不妨认它为齐齿呼。其他合口、撮口，亦可由此类推。

反过来说，有些前缀的半元音，虽像韵头，但其辅音性甚重，亦可认为声母，同时此字可认为属开口呼，例如广州的"任"[jɐm]字，其中的[j]可认为声母，全字可认为属开口。

韵尾的[i]或[u]也不一定是真正的[i]或[u]，有时候可以是[e]或[o]，例如北京的"来"字，唱起来往往是 lai，在日常谈话里往往是 lae；"高"字唱起来往往是 kau，在日常谈话里往往是 kao。

四呼与声母也有关系。就全国而论，撮口呼是不在破裂音[p、p'、b、m、t、t'、d、ŋ]之后出现的。就北京而论，[tʂ、tʂ'、ʂ、ʐ、k、k'、ts、ts']之后没有齐撮，[tɕ、tɕ'、ɕ]之后没有开合。

四呼与韵母也有关系。有韵尾[i]或[y]的字往往没有齐撮呼，有韵尾[u]的字往往没有合口呼。潘耒一派的人以为一音必有四呼，只算是一种空谈。

第二节　汉语与四声

四声就是汉语字音里的四种调子。我们试看英文 in 字，任凭你把它念成几种调子，它的意义不会变更。汉语就不同了：同是 in 音，只因念起来调子不同，就可以有"因""寅""引""印"的分别；但"因""寅""引""印"只是现代语的四声，不是古人所谓四声。

依古代的说法，四声各有其名称：平声；上声（"上"字该读如"赏"）；去声；入声。古代平、上、去、入的标准调子是怎样，现在很难考定。至于现代各地的方言里，四声的演变也各有不同。官话系多数没有入声（北京"利""力"无别，"时""实"无别），其余各系方言则平、上、去、入都有。又因古代清浊音的影响，往往使一个声调演化为两个声调，例如官话的平声演化为阴平、阳平两种，故虽失掉入声，仍存四声。客家话非但平声有两种，入声也分阴阳，共成六声。闽语非但平入有两种，连去声也有两种，共成七声。吴、粤往往能有七声或八声；其有八声者，就是平、上、去、入各分阴阳。广州入声分三种，因此共有九声。广西南部入声有分为四种者（例如博白），于是共有十声。

为方便起见，我们把阴平、阴上、阴去、阴入称为阴调类；阳平、阳上、阳去、阳入称为阳调类。阴调类大致与古代清音相当，阳调类大致与古代浊音相当（p、t、k、f、s 一类的音叫做清音，b、d、g、v、z、m、n、l 一类的音叫做浊音）。但是，所谓相当，并不是说现代的阴阳调类的分别就是清浊音的分别。固然,就吴语而论,阴调类同时就是清音,阳调类同时就是浊音;但若就官话、粤语、客家话而论,阳调类的字多数仍是清音,这因为浊音早已消失,我们只能从阳调类窥见古代浊音的系统而已。

就物理学上说,声调只是音高(pitch)的升降关系。请特别注意"升降"二字。汉语每字的声调虽是音的高低(不是强弱),但并不一定像歌谱上每字只配一个音符的样子。绝对音高固然用不着,相对音高也还不一定是汉语声调的主要特征。它的主要特征乃在乎其音高的升降状态。汉语的字调,很少是自始至终只在一个音符上头的。有时候,某一种字调颇像始终只在一个音符上头,例如北京的阴平声;但大多数的字调都需要两个以上的音符去表示它。当然,如果需要两个以上的音符,则每音符可以短到像十六分音符(或更短),例如:

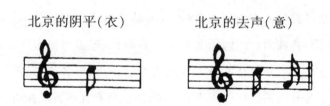

北京的阴平(衣)　　　北京的去声(意)

北京的阴平是一个横调,因为它是自始至终横行,不升也不降的(大致如此)。横行是它的特征;念它配 c(do)固然可以,念它配 b(si)也未尝不可,只要你念得不升不降,北京人听起来,就觉得是阴平声了。北京的去声是一个降调,因为它是从高音降至低音的。降是它的特征；从 c(do)降至 e(mi)固然可以，从 a(la)降至 d(re)也未尝不可。降的起止点不拘，起点与止点间的距离也不拘。总之，中国各地汉语一切字调都可用"升、横、降、高、中、低"六个字去形容它们，例如北京的阴平可称为高横调，天津的阴平可称为中横调，广州的阳平可称为低横调，北京的去声可称为高降调，苏州的阴去可称为高降、低横又稍升调，等等。

关于声调的升降，上面五线谱还是不切当的。它从高音至低音，或从低音至高音，并不是跳过去，只是滑过去，是所谓滑音。譬如拉提琴，如果想要把北京"意"字的调子拉得很像，你的左手的指头不该先按 c 位再按 e 位，却该从 c 至 e 一直滑过去，以致介乎二者之间的一切音调都被你拉了出来。

有时候，单靠音的高低，也可以为声调的特征，例如北京的阴平与半上（在句中，上声往往只念一半）都是横调，不过阴平是高横调，半上是低横调。由此看来，它们的分别仅在高低。但是，这里所谓高低是相对的，不是绝对的。这好比唱歌或奏乐：任凭你把全部字调都换一个基调，听起来仍旧顺耳。又如女人的声音较高，男人的声音较低；女与女之间，或男与男之间，声音高低也不能一律。不要紧，你唱你的女高音，我唱我的女低音，张三唱他的男高音，李四唱他的男低音，大家都是对的。

中国各地声调的系统相差不算很远，因为都是从古代四声演化而来的，例如"天"字，全国都把它念入阴平。但是，阴平只是声调的一个名称，等于代数的 x；至于各地的阴平是怎样一个调子，却等于实际的数目。各地的阴平，念起来各不相同，好比你的 x＝3，我的 x＝4，他的 x＝5。不要紧，大家都不错，例如北京的"天"字念成高横调，桂林的"天"字念成中横调，梅县的"天"字念成中升调，都不算错；因为北京把一切的阴平字都念成高横调，桂林把一切的阴平字都念成中横调，梅县把一切的阴平字都念成中升调，各有各的系统。

由此看来，我们不该说某地的人把某字误读某声（例如北京人说梅县人的"天"字误读阳平，或说重庆人的"寅"字误读上声）。我从前曾举过一个很浅的譬喻：譬如甲校一年级的级旗是黄的，二年级是红的，三年级是蓝的，四年级是绿的；乙校一年级的级旗是红的，二年级是黄的，三年级是白的，四年级是蓝的。乙校的学生看见甲校一年级的学生拿着黄旗，就说："甲校奇怪极了，他们一年级的学生都用二年级的旗子！"这岂非类推的谬误？

各地的声调虽不能一律，但是，就普通说，阴调类往往较高，阳调类往往较低；吴语里这种情形更为明显。不过也不能一概而论，例如天津的阴平比阳平低，客家话的阴入比阳入低，都是与普通情形相反的。

四声当中，入声自成一类。平、上、去声都可以念得很长，只有入声是一种促音（湘语入声不促是例外）。吴语的入声是在元音之后来一个喉闭塞音（苏北官话之有入声者，亦同此类）；粤语与客家话的入声是在元音之后来一个[-p][-t]或[-k]；闽语（闽南话）兼吴、粤之长，入声共有四种收尾。依传统的说法，每音必有四声，例如"干（乾）、赶、干（幹）、葛"就是平、上、去、入相配的四个字。关于这点，平、上、去都没有问题，至于入声就不大妥当了。试以上海音而论，"干（乾）、赶、干（幹）"是［kø］，"葛"是［kəʔ］，并不相配。又试以广州音而论，"干（乾）、赶、干（幹）"是［kon］，"葛"是［kot］，也并不十分相配。可见入声是自成一个系统的，拿它来配其余三声，未免有几分勉强；不过，传统的说法如此，我们也不必翻案了。

声调有字调与语调之分：一个字单念时是这个调子，与别的字连念起来，可以变成另一个调子。单念是所谓字调，连念是所谓语调，例如在北京话里，"北"字单念是上声，"河北"的"北"字也念上声，这是语调与字调相符的；但"北京"的"北"字念半上（上声的一半），"北海"的"北"字却变了阳平。又如在苏州话里，"套"字单念是去声，"圈套"的"套"也念去声，但"套鞋"的"套"却变了阴平。凡语调与字调不符的，叫做变调。

在汉语里，声调比其他语音成分更为复杂，例如北京、天津的声母、韵母大致相像，而声调则不大相同。这大约因为声调仅是声音高低升降的关系，比声母、韵母更容易发生变化的缘故。

第三节　各地语音的异同

譬如你是一个北京人，念英文的 bin（箱）字，像北京话的"宾"，一个上海人听见了，就说你不对，并且说应该念像上海话的"贫"。其实大家都不对；因为大家都只念对了一半。单就声调而论，是北京人念对了，上海人念得太低。单就清浊音而论，是上海人念对了；bin 里的[b]本是浊音，北京人念了清音，单就吐气不吐气而论，却又是北京人念对了，bin 里的[b]本是不吐气的，上海人念了吐气音。

从这个例子看来，可见各地语音的歧异有时候是一般人所不能了解的。每一个人，当他学习别处的语音的时候，往往是不知不觉地拿他自己认为相同而其实不相同的语音，去冒充别人的语音。但是，当你自己认为已经念对了的时候，别人偏能辨别你是冒充；所以外国人用拉丁字母翻译北京"宾"字的音不是 bin 而是 pin，翻译上海"贫"字的音也不是 bin 而是 b'in。

这是中国人学外国语的例子。此外我还可以举出许多中国甲地的人学乙地的话的例子。广州人以为广州的"同"字等于上海的"同"字，其实有清浊音的分别。苏州人以为苏州的"梅"字等于北京的"梅"字，其实除了声调不同之外，音素也不全同：苏州的"梅"是[mɛ]，北京的"梅"是[mei]。北京人以为北京的"死"字等于上海的"事"字，其实有清浊音的分别。广州人以为广州的"试"字等于北京的"事"字，其实广州的"试"字不卷舌，北京的"事"字卷舌。这种情形，也是骗不过本地人，甚至骗不过本地的小孩子。一个北京人到上海，把上海的"事"念像北京的"死"，上海的小孩听了也会摇头。

中国方言的复杂，大家都晓得；但如果你肯仔细研究，就会觉得简单些。首先我们该注意：话学不好，有时因为词汇不对，有时因为声调不对，有时因为音素不对。譬如上海人初到北京，把"脸"叫做"面孔"，纵使声音念得非常正确，仍不算是北京话。

但这是词汇的不对,与语音毫无关系,我们在本节里,应该撇开不谈。至于成都的"慢"字,念起来不像北京的"慢",这是声调的不同;苏州的"先"(sie)字不像北京的"先"(ɕien),这是音素不同;梅县的"良"(liong)字不像北京的"良"(liang),这是声调、音素都不相同。声调或音素的异同,才是本节讨论的对象。

就最大的轮廓而论,各地的方音有下列几个异点:

(一)清浊音或阴阳调类的分别

霸罢	拜败	贝倍	报暴	半伴	变辩	布步	贩饭
粪愤	讽凤	富父	戴代	到道	斗豆	旦蛋	当°荡
凳邓	帝弟	钓调	订定	妒度	对队	断°段	顿°钝
冻洞	贵跪	耗号	汉汗	化话	记忌	救舅	建件
箭贱	进尽						

官话(大多数):完全不能分别。

吴语:清浊音及阴阳调类都能分别。

闽语:有些能分,有些不能分。

粤语:阴阳调类能分别,但一律念成清音,无浊音。

客家话:清浊音及阴阳调类都不能分别;但其声母为[p-、t-、k-]者,则以吐气不吐气为分别(前字不吐气,后字吐气)。

(二)"知"类字与"资"类字的分别

| 知资 | 中宗 | 试四 | 迟词 | 初粗 | 衫三 | 痴雌 | 诗思 |
| 施斯 | | | | | | | |

官话(一部分,例如北京):完全能分别。

吴语:不能分别。

闽语:往往不能分别。

粤语(除广州一带):大致能分别。

客家话:有些地方,除"初粗"一组外[①],都能分别;另一些地方,则完全不能分别。

(三)"京"类字与"精"类字的分别[②]

京精　姜将　腔枪　香箱　继济　旧就　见箭　期齐
希西　献线　坚煎　件贱

官话(大多数):完全不能分别。

吴语、闽语、粤语、客家话:完全能分别。

(四)韵尾[-n、-ŋ]的分别

宾兵　贫平　民名　银迎　痕恒　邻陵　新星

官话(一部分,例如北京):完全能分别。

吴语:完全不能分别。

闽语:福州话不能分别,厦门话能分别。

粤语:完全能分别。

客家话:一部分在韵腹上能分别("民名""银迎")。

---

①"初粗"一类的字,客家话不能分别,自有其语音史上的理由。因为语涉专门,此处只好不谈。

②京剧界的人把"京"类字叫做团字,"精"类字叫做尖字。有些人把"知"类与"资"类也叫做尖团。

（五）韵尾[-m、-n]的分别

甘干　谦牵　担单　添天　庵安

官话、吴语：完全不能分别。

闽语（闽南话）、粤语、客家话：完全能分别。

（六）入声韵与非入声韵的分别

毕闭　不布　迫破　僻譬　仆蒲　木暮　腹富　惕涕

突屠　托拖　拓唾　匿腻　诺懦　立吏　鹿路　律虑

割歌　各个　刮瓜　郭锅　渴可　哭枯　合何　划话

或祸　激基　稷际　接嗟　戚妻　乞起　泣气　缉砌

屈区　吸希　悉西　舄细　协鞋　泄泻　只支　陟至

嘱主　祝注　尺耻　斥翅　插叉　出初　触处　失师

拾时　式世　涉射　蜀暑　述树　作做　凿座　促醋

撮挫　撒洒　肃素　索锁　揖衣　乙椅　益意　翼异

鸭鸦　叶夜　屋乌　物务　挖蛙　握卧　玉御　域喻

官话：或完全无分别（如北京），或多数字仅在声调上有分别（如川滇系官话，入声往往混入阳平），或完全能分别（如江淮系官话）。

吴语、闽语、粤语、客家话：完全能分别。

（七）入声韵尾[-p、-t、-k]的分别

[-p、-t] 执质　蝶迭　帖铁　纳捺　蜡辣　笠栗　湿失

[-p、-k]立力　及极　劫结　习席　歙隙　汁织　十食

[-t、-k]毕壁　末莫　密觅　七戚　实蚀　室释　瑟塞

官话、吴语(大多数):完全不能分别。

闽语、粤语、客家话(大多数):完全能分别。

以上所述,对于各地语音的异同,可算是挂一漏万。但为篇幅所限,不能多加述说了。

由这些例子看来,可见我们学习某一地的方音是不容易的。固然,学习方音有一条捷径,就是类推法:假设我们的声母[ts-]等于他们的声母[tʂ-],或我们的韵母[-in]等于他们的韵母[-ian]等等,一推就知,这似乎是一件很容易的事。但是,事情决不会像这样简单的。实际上,往往有下列的两种复杂情形:

1. 我们的[-in]与[-im]都等于他们的[-ian];

2. 我们的[ts-]有些等于他们的[tʂ-],另有些仍等于他们的[ts-]。

如果我们遇着前一种情形(像广州人学北京的"言""严"二字),仍旧有办法:只把一切我们读[-in]或[-im]的字都改读为[-ian]就完了。但若我们遇着后一种情形(像上海人学北京的"知""资"二字),就麻烦了:到底哪一些字该念此音,又哪一些字该念彼音呢? 关于这个,唯一办法就是先求知道古音系统。这不是一般人所能办到的,所以只好靠硬记之一法了。

第四节　古今语音的演变

汉语的方音虽然复杂,但若从古音系统追究下来,就觉得简

单了许多。研究语音史之所以极有兴趣，正因为它是有系统的演变：某字既变为某音，则凡与此字同系的字都变为类似的音。我们既知道了某字在某时代、某地域读某音，就可以推知与此字同系的许多字，在同时代、同地域也都读同样的声母或韵母，恰像我们知道了某人姓李，同时就可以推知他的兄弟姊妹都姓李。字音的演变，又可以搬家为例：除非不搬，搬起来就全家搬到同一的地点。偶然剩下一二个人不搬，或搬到另一地点，那么，他们一定有特别的理由。在语音史里，这种特别理由是音韵学者所能说明的；如果有些地方不能说明，只能怪音韵学者研究得不够精深。

在本节里，我们只能举一个例子，来表示语音演变之一斑，例如古代的声母[k-]（注音符号ㄅ），在现代北京、上海、福州、广州、梅县五处的方言里，有表列的演变情形：

古代四呼		开口					合口		齐齿		撮口	
例字		可	开	看	肯	客	苦	阔	欠	轻	劝	去
中古语音		k'â	k'âi	k'ân	k'əŋ	k'ɐk	k'uo	k'uât	kjiɐm	k'jiäŋ	k'jiwɐn	k'jiwo
现代语音	北京	k'ə	k'ai	k'an	kən	k'ə	k'u	k'uo	tɕ'ian	tɕ'iŋ	tɕ'yan	tɕ'y
	上海	k'u	k'ê	k'ø	k'əŋ	k'a	k'u	k'uə	tɕ'ı	tɕ'iŋ	tɕ'ø	tɕ'y
	福州	k'ɔ	k'ai	k'aŋ	k'eeŋ	k'eek	k'u	k'uak	k'ieŋ	k'iŋ	k'uoŋ	k'y
	广州	ho	hoi	hon	hɐŋ	hak	fu	fut	him	hiŋ	hyn	høy
	梅县	k'o	k'oi	k'on	k'ɛn	k'ɛk	k'u	k'uat	k'iam	k'in	k'ian	k'i

由上表看来,各地语音的演变都是很有条理的。福州与梅县完全保存着古代的[kʻ];北京、上海开合字念[kʻ],齐撮字变为[tɕʻ](注音符号く)。广州开、齐、撮字以念[h]为原则,合口字以念[f]为原则;"楷""亏""坤""旷""启""衾""窍""却""驱""缺"等少数字念[kʻ],是例外。但这些例外字在广州都可算是文言里的字,也许广州在文言里能多保存些古音,与吴语的情形相反。

古代念[kʻ]的齐撮字,为什么在北京、上海变了[tɕʻ]呢?[kʻ]是舌根与软腭接触的音,而所谓齐撮字都是韵头为[i]或[y]的,它们都是舌的前部翘向硬腭的音。我们可以想象,假定你念一个[kʻi],舌根翘起之后,马上得放下,让舌的前部再翘起,实在忙得很!于是声母[kʻ]渐渐倾向于变为与[i]或[y]部位相近的辅音,而适合于这条件的就是[tɕʻ],因为[tɕʻ]也是舌的前部翘向硬腭,不过比[i]或[y]的部位高些罢了。然而这只是一种可能的倾向,并不是一种必然的结果;所以福州与梅县都没有走到这条路上,广州又另找一条路走。

古代念[kʻ]的开齐撮字,为什么在广州大多数变为[h]呢?我们知道,[kʻ]是一种吐气的辅音;如果气吐得厉害些,就等于[kh]。因此,我们想象广州的[kʻ]变[h],大约是经过下列的许多阶段:

kʻ>kh>ᵏh>h。

先是气吐得很厉害(k>kh),后来[h]占优势,[k]变了附属品(kh>ᵏh)。最后,就索性摆脱了[k],变为简单的[h]了。

古代念[k']的合口字,为什么在广州大多数变为[f]呢?我们应该假定:[k']在未变[f]以前,先经过变[h]的许多阶段。等到变了[h]之后,才渐渐地受合口呼的影响而变为[f]音。合口呼的字,其韵头或韵腹是[u],这[u]是所谓圆唇的元音,发音时,嘴唇发生作用。[f]是所谓唇音,也是靠嘴唇作用的;[h]为圆唇元音所同化,就变为唇音[f]了。"空恐"(hung)、"哭曲"(huk)等字也属合口呼,却又为什么不变为 fung、fuk 呢?这因为它们的[u]念得不够圆唇的缘故。撮口字(例如"劝")的韵头[y]也是所谓圆唇元音,为什么它们的声母[h]不变为[f]呢?这也因为它们的[y]念得不够圆唇。

广州有些字更有趣:它们本属合口呼,声母由[h]变了[f],后来它们再变为开口呼,却仍旧保存着那个[f]。例如"科""课""快"三个字,我们可以推测它们的演变程序如下:

科课　　k'uâ＞k'uo＞khuo＞ᵏhuo＞huo＞fuo＞fo。

快　　　k'uai＞khuai＞ᵏhuai＞huai＞fuai＞fai。

一切语音演变的现象,大致都可用这种方式去解释。在语音学上,有所谓语音的定律,在许多语音规律当中,又有最重要的两种方式:同化作用;异化作用。同化作用如上面所述,[h]受[u]的同化而变为[f]。异化作用如广州的"凡""法"二字,其演变情形略如下表:

凡　　pjⅰwɐm＞fjⅰwɐm＞fɐm＞fam＞fan。

法　　pjⅰwɐp＞fjⅰwɐp＞fɐp＞fap＞fat。

依广州音的通例,"凡"字本该念[fam],"法"字本该念

[fap]（因为它们在古代是以[-m]或[-p]为韵尾的，这种韵尾都被广州音保存着，只有"凡""法"一类字是例外），为什么变了fan与fat呢？因为它们的声母[f-]是唇音，韵尾[-m]或[-p]也是唇音，念起来不十分顺口，所以把韵尾的唇音变为齿音[-n]或[-t]，就顺口多了。但也只是可能的，不是必然的，在客家话里，"凡"字仍旧念fam，"法"字仍旧念fap，并不曾发生异化作用。

此外，有两种情形是不能拿语音规律来解释的：第一，是别处方音的影响，例如依北京音的通例，"贞"该念[tʂəŋ]（音同"徵"），不该念[tʂən]（音同"珍"），因为它在古代是以[-ŋ]为韵尾的，这种韵尾直到现代还由北京音保存着。它之所以由[-ŋ]变[-n]，大约是受了南方官话的影响。又如依客家话的通例，"开"字的声母该是[k']，因为如上所述，古代的[k']都由客家话保存着；但现在广西南部客家话的"开"字念[hoi]，这显然是受了粤语的影响。尤其是官话，它在数百年来，凭借着政治的力量，扩张它的势力；大家以此为"正音"，不知不觉地受其影响。首先受影响者当然是知识分子，故吴语、闽语里一字往往有两种音：一种是知识分子口里的读书音（或称文言音），也就是受官话影响以后的音；另一种是一般人口里的白话音，也就是未受官话影响的音，例如吴语"问"字的白话音是[mən]，读书音是[vən]。

第二，是借用外语的词汇，这与上面第一种情形不同：第一种情形是甲地方言中本有此字，不过字音受乙地方言所影响罢了；第二种情形是甲地方言本无此字，有时用得着乙地的字，就索性连带着用乙地的音，例如"他"字在吴语里念t'a，不念t'o，因为吴语白话里用不着"他"字,偶然在书报上看见,就索性用官话念它。又如"咖啡"的"咖"字,依北京语的原则,该念 tɕia,不该念 ka,然而因为它们是英语 coffee 或法语 café 的译音,所以北京人渐倾向于把"咖"字念成 ka。

从汉语史上看来,各地汉语方音同出一源,似乎无所谓正音,更无所谓进步的方言和落后的方言。但是,斯大林指出:"当然,除了语言之外还有方言、土语,但是部落或部族统一的和共同的语言是占着统治地位,并使这些方言、土语服从自己。"①又说:"某些地方方言在民族形成过程中可以成为民族语言底基础并发展为独立的民族语言。"②斯大林并且引马克思的话来说明:"方言集中为统一的民族语言是由经济和政治的集中来决定的。"③由此看来,各地方言的地位是不同的。北京长期成为政治、文化、经济的中心,北京方言已成为民族语言的基础。为了进一步增强民族语言的统一性,就有促进语言规范化的必要。规范化的工作,主要是标准音的工作。汉语规范化运动正在展开,这一工作如果做得好,各地方音的距离将会愈来愈小的。

①斯大林《马克思主义与语言学问题》第 10 页,人民出版社。
②斯大林《马克思主义与语言学问题》第 43—44 页,人民出版社。
③斯大林《马克思主义与语言学问题》第 42 页,人民出版社。

第四章　语法

第一节　词在句中的位置

依 18 世纪法国语言学家波塞（Beauzée）的说法，词在句中是应该有合理的位置的，例如我们只应该说 Alexander vicit Darium（"亚历山大战胜大流士"——拉丁文），主格在前，宾格在后，动词表示主宾的关系，所以它的位置必须在主格和宾格的中间。如果你说 Darium vicit Alexander，就是违反自然，等于画家把树根画在上头，枝叶画在下面。如果你说 Darium Alexander vicit，更为不妥，因为主格和宾格之间失了联系了[①]。

这显然是一种主观的谬论。语言是思想的反映，词的次序该是和概念的次序相当的，拉丁语既然有 Darium vicit Alexander 和 Darium Alexander vicit 的说法，就可以证明这种次序并没有什么不合理的地方。拉丁语有名词词尾变化，固然可以有此次序（主宾格词尾有定，位置就可以随便了），即以没有名词词尾变化的语言而论，也未尝不可以有此次序。彝语是和汉语一样地被称为孤立语的，但是，在彝语里，名词宾格却正是放在动词的前面的，例如撒尼语（彝语的一支）把"他拿小鱼喂猫"说成 [kʻiŋa za vi mæ nælatṣa]，直译应该是他鱼小拿猫喂（mæ næ 是猫，tṣa 是喂，la 是助词）[②]。我们没有什么理由说撒尼语这种次序不合理。我们不能武断某一种次序为唯一合理的语言形式。

———————————

① 参看 H. Weil，de I'Ordre des Mots. p. 13。
② 参看马学良《撒尼彝语研究》第 121 页。

不但名词、动词的次序没有一定，形容词、副词的次序也是没有一定的。形容词固然可以放在它所形容的名词前面，例如英语 a white horse（"一匹白马"），但也可以放在它所形容的名词后面，如法语 un cheval blanc（"一匹白马"，直译则是"一匹马白"），又如上文所举撒尼语（"小鱼"说成"鱼小"）。副词固然可以放在它所修饰的动词前面，如汉语"慢慢地走"，但也可以放在它所修饰的动词后面，如英语 to go slowly。

但是，语言的词序虽无所谓合理不合理，至于具体语言本身的词序，在某些情况下，却是须要固定的。大凡缺乏某一类的词尾变化或附加成分，就需要词序的固定作为抵偿，例如英语缺乏名词的词尾变化，就只能说 Alexander vanquished Darius，不能再说 Darius vanquished Alexander，否则意义恰恰弄成相反了。

大家知道，汉语没有西洋语言表示名词变格、动词变位的那一类语尾变化，所以词在句中的位置，自然该比屈折语更为固定。大致说来，句子的构成，可以有下列的十条规律：

（一）主语放在动词的前面，宾语放在动词的后面

如"他来了"不能说成"来他了"，"他吃饭"不能说成"饭吃他"。我们知道，俄语因有名词变位，主语和宾语的次序可以不固定。平常虽然是主动宾的次序，例如 Доктор ван лечит его（"王医生医治他"），但为了特殊的需要（譬如答复"谁医治他"这个问题），也可以变为宾动主的次序。例如 Его лечит доктор ван（逐字翻译变成了"他医治王医生"）。汉语不可能这样做。

有些语言虽有固定的词序,但是次序和汉语恰恰相反,例如"反对战争",在日本语和彝语里都应该是"战争反对"(动词在宾语的后面)。在这里我们应该知道,词的次序并没有什么一定不易之理,而是按照具体语言的内部规律来决定的。

在特殊的情况下,主语也可以放在动词的后面,如:"多漂亮啊,这个小孩儿!""这个小孩儿"应该认为倒装的主语。

不过应该注意"倒装"的看法。凡在同一时代的同一语言里,和经常的词序相反的造句法,叫做倒装。对于不同的语言,可以有不同的看法,例如我们对于日本语把"反对战争"说成"战争反对",不该认为倒装,反该认为顺装。同理,对于不同的时代也可以有不同的看法,例如上古汉语里否定句,代词宾语放在动词的前面("不我欺""不己知"等),那是上古经常的词序,就不该认为倒装,否则是缺乏历史观念了。

(二)领位放在其所限制的名词的前面

如"中国的人民"和"人民的中国"意义的不同,完全是由词序来决定的。在"中国的人民"里,"中国"处于领位,表示"人民"是属于中国的,不是属于别国的;在"人民的中国"里,"人民"处于领位,表示中国是属于人民的,不是属于反动分子的。

(三)形容词放在其所修饰的名词的前面

例如"大国""好天气""英勇的解放军"。试比较"国大""天气好""解放军英勇",就可以看出,形容词用作修饰语只能在前,在后就变了谓语了。词序的作用在汉语里是非常重要的。

在这一点上,汉语和其他汉藏语系的语言是不同的。就中国境内来说,藏语、彝语、苗语、壮语等,一般说都把形容词放在名词的后面(领位也往往放在其所限制的名词的后面,但不那么普遍);就中国境外来说,越南语、暹罗语等也是这样的。

(四)副词、用作状语的形容词或仂语①,放在其所修饰的动词、形容词或另一副词的前面

1. 被修饰的是动词。如"快走""静坐""充分利用""全面发展""明确规定""好好地学习"等。

2. 被修饰的是形容词。如"不小""很好""大红""浅蓝""非常美丽"等。

3. 被修饰的是另一副词。如"不很大""绝不悲观"等。

某些副词可以放在其所修饰的形容词的后面,例如"大极了""好极了";甚至有些副词只能放在其所修饰的形容词的后面,例如"大些""好些"。但这一类的副词是很有限的。

用作状语的形容词或仂语,如果变更了位置,不是放在其所修饰的动词之前,而是放在那动词之后,那么它就不再起修饰语的作用,而是起一种更重要的作用——谓语的作用。在这种情况之下,必须加上一个"得"字,如"走得快""利用得充分""规定得明确"等。汉语在这些地方更显示出词序的重要性,因为当我们把用作状语的形容词或仂语移到突出的地位去了之后,它们

———————

① 动词或形容词的修饰语叫做状语。从句法上说,副词本身也是状语。

在句中的职能也就发生变化了,它们不再用作状语了,而是起着比状语更大的作用了。

另有一种结构和上述的结构相近似,就是极度的描写语,如"跑得他喘不过气来""打得美国侵略军只恨爹娘少生两条腿"等。上述结构和这种结构不同之点是:上述结构"得"字后面不能有主语,而这种结构"得"字后面能有主语。从意义上说,前者表示一种状况,后者表示一种后果。

(五)处所状语,一般放在其所修饰的动词的前面

例如"苏联在古比雪夫建造水电站""美国在亚洲和欧洲许多国家境内建立军事基地""他在家吃饭""我在图书馆看书"。

但是,如果要表示动作的方向,处所状语就放在动词的后面。如果这动作是由上向下的,处所状语通常放在动词后面,例如"扔在地上""掉在水里"。如果这动作是由甲方到乙方的,一般也可以把处所状语放在动词后面,如"走向光明",但是放在前面也是可以的,如"向光明的大道前进"。

有时候,是残留的古代语法和现代一般口语发生差别,例如"来自广州"是古代语法的残留,处所状语放在动词后面;但是现代一般口语只说"从广州来",处所状语是在前面的。

(六)方式状语,一般也是放在其所修饰的动词前面

例如"用马克思列宁主义武装头脑""拿共产主义道德来教育青年"。

有时候,也是残留的古代语法和现代一般口语发生差别,例如"责以大义",方式状语在动词后面,这是古代语法的残留。

(七)时间状语,一般也是放在其所修饰的动词前面

如"他今天到城里去",甚至放在句子的开头,如"今天他到城里去"。但是,如果是指某段时间,而动词后面又没有宾语,就往往放在动词后面,例如"他病了三天"。如果动词后面有宾语,就有两个办法:(甲)把动词重复一次。例如"他念书念了三年"①;(乙)把动词修饰语(状语)改为名词修饰语(定语)。例如"他念了三年的书",或"他念了三年书"。

(八)在处置式里,宾语被提到动词的前面

在现代汉语里,用"把"字或"将"字把宾语提到动词的前面,叫做处置式,因为这种形式在大多数情况下是表示对于某人或某物加以处理,例如"一定要把淮河修好"。

(九)在被动式里,承受行为的人或物处于主语的地位,它的词序是:被动者—"被"—主动者—行为

例如"美国侵略部队被朝鲜人民军和中国人民志愿军打败了"。

---

① 当然也可以说"他念书三年",古代语法就是这样的,但现代汉语里少用了。

（十）在复合句中，从属句放在主要句的前面

例如"帝国主义虽凶，它只是一只纸老虎""如果敌人敢来侵略，我们一定要把他们打得头破血流"。

大致说来，汉语的次序是非常固定的。因为非常固定，所以词性往往由词序表示出来，用不着像西洋语言用后加成分来表示词性，用屈折作用来表示格、式，例如我们知道形容词一定放在其所形容的名词前面，那么，"菊花黄"里面的"黄"绝不会是简单的形容词，而是形容词被用为谓语了。又如我们知道从属句一定放在主要句的前面，那么，许多连词都可以省略了。我们用不着说"如果你不去，我也不去"，只须说"你不去，我也不去"就行了。

语法，本来是包括口头语言和书面语言的。但是，就一般说，口头语言的词序要灵活得多。例如下面的两种说法，在北京人嘴里是常说的，然而在北京人的笔下还是不大看见的：

> 他们没来呢还。（等于说"他们还没来呢"）
> 我们老了都。（等于说"我们都老了"）

又如下面的两种说法，在苏州人嘴里是常说的，但也没有人把它们写在纸上：

> 俚笃来哉刚刚。（刚才他们来了）

俚笃来哉财。（他们全都来了）

上文说过，词的次序应该是和概念的次序相当的。说话人说完了"俚笃来哉"四个字之后，脑子里才来了"刚刚"这一个概念，就把它补在后面。补的次数多了，渐渐成了习惯，像北京的两种说法就不再令人感觉得是"追加"的了。但是，当人们写文章的时候，还是依照固定的位置。这样做是对的，因为语言应该规范化，特别是书面语言应该如此。

第二节　词是怎样构成的

汉语的词可以分为两类：非派生词；派生词。所谓派生词，是由别的词形成的词，好像是别的词生出来的支派。所谓非派生词，它们不是由别的词形成的，而是独立地被创造出来的，例如"天"字，它是非派生词，因为人们并没有依靠别的词来创造这"天"字。像"天下"就是派生词，因为它是依靠"天"和"下"这两个词来形成的。

非派生词一般总是单音节的[①]。它们大部分都是从上古汉语中继承下来的，例如"人""手""水""火""天""地"等，许多是有几千几万年的历史的了。这一类的词表示人们生活中的重要概念，它们在现代汉语中广泛地使用着，大量派生词都是由它们生

---

① 参看苏联伊三克等所著的《华语课本》的序文，《中国语文》1954 年 11 月号有译文（第 29 页）。本节参考此书的地方颇多。

出来的。它们在口语中,特别在日常生活的口语中,占着重要的地位。

非派生词大部分属于基本词汇,并且占基本词汇的极大部分。什么是基本词汇呢? 斯大林说斯大林[1]:

> 大家知道,语言中所有的词构成为所谓语言的词汇[2]。语言的词汇中的主要东西就是基本词汇,其中包括所有的根词[3],成为基本词汇的核心。基本词汇是比语言的词汇窄小得多的,可是它的生命却长久得多,它在千百年的长时期中生存着并给语言构成新词的基础。

基本词汇是在千百年的长时期中生存着并给语言构成新词的基础的,因此,所谓派生词,极大部分就是从基本词汇的基础上产生的。

派生词的形成,主要有两种方式:(1)利用仂语的形式;(2)利用同义词的并列。

关于第一种方式可以拿"天下"做例子。"天下"的原始意义是"天底下",本来是一个仂语。《诗经·小雅·北山》:"溥天之

---

[1]《马克思主义与语言学问题》第 21 页,人民出版社。

[2] 语言中所有一切词的总和才叫做词汇,因此每一语言只有一个词汇。词汇和词是有分别的,有人误认为同一的东西。"基本词汇"这个译名也不很恰当,近来已经有人改译为"基本词库"(见周嘉桂所译契科巴娃的《语言学概论》)。

[3] 根词指最单纯最原始最基本的词,特别是名词和动词的词根,乃是创造新词的原料。汉语里的非派生词极大多数是名副其实的根词。

下。"可见最初的时候，"天"和"下"是可以分开来讲的，因为它是用两个词表示的；后来"天下"渐渐发展为一个整体，"天下"表示整个领土，甚至表示整个世界。《孟子·离娄上》："尧舜之道，不以仁政，不能平治天下。"那时"天下"已经不是两个词，而是一个双音词了。这个名词一直沿用下来，甚至拿来代表全体人民，例如范仲淹《岳阳楼记》说："先天下之忧而忧，后天下之乐而乐。"这是古代的例子。至于现代，我们可以举"火车"为例。最初的时候，人们看见这种车要靠着生火才能开动，所以叫做"火车"。当人们说"火车"的时候，如果脑子里还清楚地存在着火的概念，那么，"火车"这个新词还不算完全形成。等到人们说"火车"就感觉得这是一个不可分割的整体，脑子里不再有火的概念，也就是不再唤起火的印象，"火车"就是"火车"，那么，这个新词就不再是仿语了。"天""下""火""车"，都是非派生词；"天下"和"火车"都是派生词，前者是古代派生词；后者是现代派生词。这一类派生词非常重要。斯大林说："工业和农业的不断发展，商业和运输业的不断发展，技术和科学的不断发展，就要求语言用工作需要的新的词和新的语来充实它的词汇。"而①随着社会发展的需要而产生的新词，极大多数也就是以旧词为基础的派生词，它们的最初形式是仿语，然后由仿语发展为单词。下面的例子可见一斑：

火车　汽车　轮船　铁路　飞机　机器　电话　电报

报纸　杂志　火柴　肥皂　电影　话剧　汽油

---

①编者注："这一类……而"《文集》本删。

关于第二种方式，可以拿"讨论"为例。"讨"是寻究的意思，"论"是评议的意思。可能在最初的时候，确曾有先寻究后评议的意思，但是很快就发展为一个整体，是共同评议是非得失的意思，这个意义一直沿用到现在。从"讨论"这一个例子上可以看见，所谓利用同义词的并列，并不一定是完全同样的意义，寻究和评议的意思只是相近，不是相同。再举一个现代的例子，就是"思想"。"思"和"想"本来是独立应用的，并且都是动词，现在把它们联合起来，变了名词了①。"思想"是派生词，它是从非派生词"思"和"想"联结而成的。利用同义词的并列，现代汉语里有大量的复音词被形成了，这些复音词都是派生词，例如：

制度	基础	时期	状态	任务	行为	范围	氏族
阶级	资产	形式	社会	经济	差别	基本	完全
错误	特殊	正确	敌对	密切	经常	丰富	粗暴
和平	建筑	结构	产生	消灭	破坏	发展	改革
创造	满足	代替	需要	集合	停止	危害	排挤
崩溃	指导	扩充	占领	侵略	按照	根据	

派生词的形成，除了上述的两种方式之外，还有一些比较特殊的方式。现在拣两种比较常见的来说：

第一种是并合法。并合法是一种吞并作用。本来是拆得开的两个词，由于它们常常连在一起，某一词的意义渐占优势，另

---

① "思"和"想"在历史上也曾作名词用过，但当"思想"这个复音词形成时，"思"和"想"早已不用为名词了。"思想"这个复音词在历史上也曾用作动词（旧戏里唱的"思想起来"），但现在已经不那样用了。

一词的意义渐渐被侵蚀了，于是变为表示单一意义的复音词。在古代汉语里，例如"国家"，上古"国"指诸侯的领土，"家"指卿大夫的领土，所以《孟子》说（《离娄》）："人有恒言，皆曰天下国家。天下之本在国，国之本在家。"后代政治制度改变了，不再有诸侯卿大夫的分别，于是"国"和"家"的分别也不存在了。"国家"变了复音词，等于说"国"。在这里，"家"字的意义被"国"字吞并了。在现代汉语里，例如"妻子"和"兄弟"。《孟子》说（《梁惠王》）："父子不相见，兄弟妻子离散。"这里"兄"和"弟"，"妻"和"子"，显然是四种亲属关系。后来"妻子"在普通话里变了只有"妻"的意思，"兄弟"在普通话里变了只有"弟"的意思（粤语的"两兄弟"在普通话里该说成"弟兄俩"）。现代北京话"窗户"当"窗"字讲，也是一种并合法。此外如普通话的"眼睛"只表示"眼"，苏沪一带"头颈"只表示"颈"（脖子），诸如此类，例子还有不少。不但名词可以并合，形容词和动词也可以并合，例如普通话"干净"，只有"净"的意思，没有"干"的意思（"这杯水是干净的"）；北京话"勤快"，只有"勤"的意思，没有"快"的意思（"他做事情很勤快，只是嫌他太慢了些"）；苏沪一带"勤俭"也只有"勤"的意思，没有"俭"的意思（"伊倒是蛮勤俭格，可惜浪费仔点"）。以上是形容词的例子。动词并合的往往是对立语（反义词），例如"睡觉"，本来"睡"是睡着，"觉"是觉醒，现在"睡觉"只有"睡"的意思了。又如"忘记"，本来"忘"是忘掉，"记"是记住，现在"忘记"只有"忘"的意思了[①]。此外又如"相信""可怜"之类，"相"字

[①]但是，在北京话里，一般只说"忘"，不说"忘记"。

本来是代词，"相信"本来是互相信任的意思，后来"相信"变了复音词，只剩"信"的意思了（"他不相信我"）。"可怜"本来是值得怜悯的意思，现在我们说"他很可怜"，还是这个意思；但当我们说"我可怜他"的时候，就只剩"怜"的意思了。

第二种是化合法。化合和并合不同：并合是某一词的意义吞并了另一词的意义；化合是原来两个词的意思都保持着（或原意还看得出来），只是溶化为一体，不再能被别的词隔开。在日常口语里，有"请教""请示""得罪"等。"请教"是请求指教的意思，但习惯上只说"请教他"，不说"请他教"。"请示"是"请求指示"的意思，但习惯上只说"请示上级"，不说"请上级示"。"得罪"的现行意义离开原来的意义较远。原来是犯罪的意思，现在只当"冒犯"讲，但是我们不能认为"得"字吞并了"罪"字的意义，因为单靠"得"字生不出冒犯的意思来。在新词当中也有利用化合法的，例如"登陆"和"评价"。它们本来都是两个词构成的仂语，但是，在"登陆海南岛"和"评价《红楼梦》"这一类的例子当中，它们已经变了复音词，因为如果不变为一个整体，就应该说成"登海南岛的陆"和"评《红楼梦》的价"了。还有一种构词法也可以算进化合的一类，就是反义词结合成为一个整体，例如"大小"表示大的程度（"珍珠有莲子大小"），"粗细"表示粗的程度（"那蛇有碗口粗细"）；此外还有"反正"（"反正他不来了"）、"上下"（"五十岁上下"）、"来往"（"三丈来往"）等。有些反义化合的名词和形容词，由于历史久远，人们已经不感觉到它们是化合的了，例如"东西"（"进城买东西"）分明是"东"和"西"合成的，但是我们已经很难考证为什么用"东"和"西"来代表物的概念了。又如"利害"（"他很利害"），本来是"利"和"害"合成的，但是由于语源已经不为一般人所了解，后来就被改写为"厉害"了。

为篇幅所限，我们不可能把汉语构词法谈得很全面。有一点非常重要：就是在汉语词汇中，派生词占极大多数，这也就是说，复音词占极大多数。这就可以证明汉语绝对不是单音语。

第三节　各地语法的异同

如果拿语音、语法、词汇三者比较，各地语音、词汇的差别很大，而语法的差别很小。就语言的历史而论，语音和一般词汇易变，基本词汇变化较慢，语法变化最慢。中国各地的汉语方言该是同源的，我们认为它们的语音、词汇在原始一定相同。后来因为语音、词汇易变，它们分道扬镳，就弄成现在相当复杂的样子。语法变得最慢，所以各地的语法都离开原始出发点不很远，同时，它们相互间的距离也不很远。各地的人说话互相不懂，首先是词汇作梗，其次是语音妨碍，与语法的差别无关；因为语法的差别实在太小了。

但是，差别大小，只是相对的说法；如果我们仔细观察，各地的语法并不完全相同。当你依照北京语法去说广州话的时候，广州人虽能完全懂得，但他们仍旧觉得你不够广州话的味道，就因为你没有遵用广州的语法。

要知道各地语法的异同，首先该把词汇与语法的界限分别清楚。例如：

北京人说：今天下雨。

苏州人说：今朝落雨。

广州人说：今日落雨。

这只是语音、词汇上的不同，在语法上则毫无分别。语音上不同，不必解说，大家都可以明白。词汇上的差别，如北京说"今天"，苏州说"今朝"，广州说"今日"；又如北京说"下雨"，广州、苏州说"落雨"。然而语法上并没有什么不同，因三处方言都是把"今天"放在第一，谓词放在第二，宾语放在第三。像这一种的句子，非但三处方言如此，全国汉语方言也莫不如此。在此情形之下，我们可以说全国汉语方言有其共同的语法。

至于要看各地语法的异点，我们可以定下两个标准：

1. 词的位置不同；

2. 虚词的用法不同。

以词的位置为标准者，又可细分为下列诸类：

1. 谓词的位置

官话、吴语（大部分）：到南京去。

闽语、粤语、客家话：去南京。

2. 副词的位置

(1) 数量的限制：

官话、吴语：多买几本书。

闽语、粤语、客家话:买多几本书。

(2)方式的限制:

官话:快到杭州了。

吴语:杭州到快哉。

3. 介词的位置

官话、吴语:猫比狗小。

粤语:猫细过狗。

客家话:猫比狗过细。

4. 动词语尾的位置

官话:买得到许多东西。

吴语:买得着交关物事。(与官话语法同)

客家话:买得许多东西倒。

5. 间接宾语的位置

官话:给你钱。
吴语:拨侬铜钿。 $\Big\}$(间接宾语在直接宾语之前)

粤语:畀钱你。
客家话:刿钱你①。 $\Big\}$(间接宾语在直接宾语之后)

以虚词的用法为标准者,又可细分为三类:

1. 虚词的数量相等,但用途有广狭之分。例如:

北京的"了"=苏州的 $\begin{cases} 1.\text{"哉"} \\ 2.\text{"仔"} \\ 3.\text{"格"} \end{cases}$

---

①刿,客家念 pun,给也。

北京："他去了。"＝苏州："俚去哉。"

北京："等他去了再说。"＝苏州："等俚去仔再说。"

北京："我看见

他了。"＝苏州：$\begin{cases} \text{"我看见俚格。"(I saw him)} \\ \text{"我看见俚哉。"}^{①}\text{(I have seen him)} \end{cases}$

2. 虚词的数量不相等,因而甲地的语法不如乙地语法之细。例如：

北京人说："他们早已走了。"

苏州人说："俚笃老早去个哉。"

苏州单说"个"是表示过去,单说"哉"是表示完事,"个""哉"连着说是加重完事的语气。北京对于加重完事的语气,没有特别的说法,仍只用一个"了"字。

3. 乙地的虚词用法为甲地所无

(1) $\begin{cases} \text{北京："我站在他旁边说。"} \\ \text{苏州："我立拉俚旁边咾说。"} \end{cases}$

(2) $\begin{cases} \text{北京："他就张开眼睛坐起来。"} \\ \text{苏州："俚就张开眼睛咾坐起来。"} \end{cases}$

苏州的"咾",北京无词可与它相等,只有文言里的"而"字与它颇相仿佛〔"(彼)立其旁而言、(彼)张目而起坐"〕。

上述的两个标准还不能概括各地语法的异同。譬如说助动词用法的差别,就在那两个标准之外。我们试看：

———————

① 或"我看见仔俚哉"。

1. {
　北京人说:"他没有说什么"或"他没说什么"。
　上海人说:"伊呒末话啥。"
　广州人说:"佢冇讲乜野。"①

2. {
　苏州人说:"俚蟐说啥。"②
　梅县人说:"渠冇讲乜介。"③
　博白(广西南部)人说:"其冇曾讲么个。"

　　北京、上海、广州是一派,它们都借动词为助动词(像英文借verb "to have"为 auxiliary);苏州、梅县、博白是另一派,它们都不用助动词而用副词(等于文言的"未"或"未尝")。由这一种情形看来,我们还可以知道一件事,就是同系的方言也可以有不相同的语法(如上海与苏州,广州与博白),不同系的方言也可以有相同的语法(如北京与上海,苏州与梅县)。

　　有时候,语法的分别,与词汇的分别同时存在,例如上海的"呒末"等于文言的"无"与"未",也等于苏州的"呒不"与"蟐";于是我们注意到上海"呒末"一词的语法用途较广,同时它的意义范围也较广。在这情形之下,语法、词汇二者都有分别,我们是不应该只看见一方面的。

---

① 冇:广州念 mou。乜:广州念 mat。
② 蟐:苏州念 fen,"不曾"也。
③ 冇:客家念 mang,"不曾"也。乜介:客家念 mat-kai,等于北京的"什么"。

第四节　古今语法的演变

所谓古语法与今语法,就是普通所谓文言文的语法与白话文的语法。把汉语语法分为古今两大类,在表面上看来似乎不通,因为至少该按时代分为若干期,成为语法史的研究。但是,"五四"时代的白话文运动是一次伟大的运动,它摧毁了封建统治阶级所支持的过了时的文言文。我们如果从这两种文体去窥测语法史的简单轮廓,一定较易见功。本节为篇幅所限,只能专就代词讨论,更是轮廓之轮廓了。

第一,我们注意到代词的人称与格。

在上古汉语里,代词的第一人称与第二人称为一类,第三人称自为一类。上古代词第三人称没有主格,与第一人称之有主格者大不相同,例如:

白话的"我从卫国回鲁国"可译为文言的"吾自卫反鲁";

白话的"你到那里去?"可译为文言的:"女何之?"

但白话的"他是你的朋友"不可译为文言的"其为尔友"。

固然,我们不曾忘了代词"彼"字可以用于主格;但我们须知,"彼"字本为指示代词,与"此"字相对待。在古书中,"彼"字虽偶然借用为人称代词,但仍有彼此比较之意,例如:

彼丈夫也,我丈夫也,吾何畏彼哉?(《孟子·滕文公上》)

彼夺其民时。(《孟子·梁惠王上》)

彼陷溺其民。(同上)

充其量,我们只能承认"彼"字是指示性很重的人称代词,其词性与"其""之"二字不能相提并论。我们再看有些"其"字似乎可为主格:

其为人也孝弟。(《论语·学而》)

其行己也恭,其事上也敬,其养民也惠,其使民也义。(《论语·公冶长》)

王若隐其无罪而就死地。(《孟子·梁惠王上》)

然而这些"其"字在实际上也有领格的性质;"其"字后的动词与其附加语都可认为带名词性。因此"其"字与其动词合起来只能算一个主格(如第一、二例)或一个宾格(如第三例);如果这主格之后不加叙述或说明,这宾格之前不加动词,就不能成为完整的一句话。假使我们简单地说"其无罪而就死地",就等于有宾格而没有主要动词。在白话里,"他没有罪而被杀"是合于语法的;在文言里,若说"其无罪而就死地",就不通了。

在古文里,普通的句子既不用主格的第三人称代词,那么,主要动词的主格只能靠名词的复说,否则惟有把它省略了。

名词复说的如下诸例:

齐侯欲以文姜妻郑太子忽,太子忽辞。(《左传·桓公六年》)

　　且私许复曹卫。曹卫告绝于楚。(《左传·僖公二十八年》)

　　非神败令尹,令尹其不勤民,实自败也。(同上)

　　臾骈之人欲尽杀贾氏以报焉。臾骈曰:"不可。"(《左传·文公六年》)

人称代词省略的如下诸例:

　　公谓公孙枝曰:"夷吾其定乎?"对曰:"臣闻之,唯则定国。"(《左传·僖公九年》)

　　夫人以告,遂使收之。(《左传·宣公四年》)

　　郤子至,请伐齐,晋侯不许;请以其私属,又不许。(《左传·宣公十七年》)

　　射其左,越于车下;射其右,毙于车中。(《左传·成公二年》)

这一类的省略法,不能拿来与下面的例子相比:

　　孟之反不伐。奔而殿,将入门,策其马,曰:"非敢后也,马不进也。"(《论语·雍也》)

因为"奔""入""策""曰"四种动作的主格都是孟之反,所以省去了代词之后仍可借上句的主格为主格。至若"射其左"等句,"射"与"越"的主格并不相同,似乎主格的代词必不可省。

然而我们试想:假使我们不改变这句的动词的性质与位置,有什么法子可以使句子更完善些呢? 如果把主格的名词完全补出,未免太罗唆了。如果把主格的代词补出,写成:彼射其左,彼越于车下;彼射其右,彼毙于车中。姑勿论"彼"字在上古没有这种用法,单就句子的意义而论,我们觉得这种代词实在毫无用处;加上了四个"彼"字,反易令人误会是同一的主格。由此一点,我们可以悟到:这种造句法能促成古人不用第三人称代词主格。

古人虽不用第三人称代词主格,但遇必要时,他们可以用些虚词去表示动词的主格之变换。上文所举"夫人以告,遂使收之"句中的"遂"字,已经令人悟到"使"的主格是变换了的。但是,最普通的还是用连词"则"字。试读下列的《论语》两章:

> 哀公问曰:"何为则民服?"孔子对曰:"举直错诸枉,则民服;举枉错诸直,则民不服。"(《为政》)
> 季康子问使民敬忠以劝,如之何? 子曰:"临之以庄,则敬;孝慈,则忠;举善而教不能,则劝。"(《同上》)

在第一章里,也可以说"举直错诸枉,则服;举枉错诸直,则不服"。在第二章里,也可以说"临之以庄,则民敬"等等。可见

"则"字比主格还更重要,有了"则"字,就表示这动作是那动作的结果,再加上了上下文的语气,就知道这动作与那动作不是属于同一的主格了。

在学校里,把白话译成文言的时候,往往有人误以文言的"其"字与白话的"他"字相当,以致译出来的文言文不合古代的语法。其实我们只要守着下面的两个规律,就不至于不会用"其"字了:

(1)"他"字可用为代词主格,"其"字不能;

(2)在古文里,宾格无论直接、间接,必须用"之",不能用"其"。

依这两个规律,我们就可知道"他不去"不能写作"其不往"①,"替他执鞭"不能写成"为其执鞭"等。

第二,我们注意到代词的数。

在上古汉语里,人称代词单复数是同一形式的,至少在文字的表现上是如此。譬如下列诸例:

1. 第一人称复数仍用"吾""我"等字:

> 楚弱于晋,晋不吾疾也;晋疾,楚将辟之,何为而使晋师致死于我?(《左传·襄公十一年》)

2. 第二人称复数仍用"尔"字:

---

①但"怪他不去"可写作"责其不往",因为在这情形之下,"其"字是兼格,兼有宾格与主格两重职务,不是简单的主格。

尔无我诈，我无尔虞。(《左传·成公二年》)

子曰:"以吾一日长乎尔，无吾以也。"(《论语·先进》)

如或知尔，则何以哉？(同上)

3. 第三人称复数仍用"其""之"等字:

齐、晋、秦、楚，其在成周，微甚。(《史记·十二诸侯年表序》)

今天下大安，万民熙熙，朕与单于为之父母。(《史记·匈奴列传》)

长沮桀溺耦而耕，孔子过之。(《论语·微子》)

总之，白话的"我们"，译为文言可用"吾"或"我";白话的"你们"，译为文言可用"尔";白话的"他们"，译为文言可用"其"或"之"，或"彼"。古人虽有"吾人""吾党""吾曹""吾侪""若辈""彼辈""彼等"种种说法，但这些说法在先秦甚为罕见;有时偶见于书，也可以把"吾""尔""彼"等字认为领格。"吾曹""吾辈""吾侪"等于现在说"我们这班人"或"我们这一类的人"，所以"吾""尔""彼"等字在此情形之下仍当认为领格代词的复数，不当与"侪""辈"等字合并认为一个不可分析的单位，例如:

文王犹用众，况吾侪乎？(《左传·成公二年》)

意思是说"何况我们这一类的人",非简单的人称代词可比。非但人称代词在上古没有复数的形式,就是指示形容词或指示代词也没有复数的形式;换句话说,白话里"这些""那些"等词,如果译为文言,只能写成"此""斯""彼"等字,与单数的形式完全相同,例如:

> 今此下民……(《孟子·公孙丑上》)
>
> 吾非斯人之徒与而谁与?(《论语·微子》)

这一点,非但违反了西洋人的习惯,甚至违反了现代中国人的习惯。我们似乎可以拿声调去解释,说代词的数由声调表示,写下来虽然一样,念起来却是两样,有点儿像现代北京询问词的"那"与指示词的"那",写起来是一样的,念起来则前者是上声,后者是去声①。但是,这种猜想的危险性太大了,因为我们找不出什么证据。不过,我们试就语法的本身想一想,代词的数是不是必不可缺的东西?就汉语本身而论,名词单复数既可用同一的形式,代词是名词的替身,其单复数何尝不可用同一的形式?名词既可由意会而知其单复数,代词的单复数何尝不可由意会而知?梵文、古希腊语与古俄语里,除了单复数之外,还有一个双数;但现代欧洲诸族语大部分没有双数与单复数对立,我们并不觉得它们不合逻辑。同理,我们的祖宗嘴里的代词没有数的分别,也像动词没有时的分别一样,并不能令他们感觉到辞不达意之苦。

---

① 现在上声的"那"字,一般已写作"哪"。

以上单就代词而论，自然只是举例的性质。关于古今语法的演变，尽可以写成很厚的一部汉语语法史。其中最重要的，如虚词用法的演变①、系词的产生及其变迁等大问题②，都不是这里所能详论的了。

---

①参看拙著《中国文法学初探》，其中论及关系词（虚词之一种）的演变。
②参看拙著《中国文法中的系词》。编者注：见《王力全集》第十九卷。

第五章　词汇

第一节　词汇与语音的关系

从前有一种唯心的看法，就是认为词义和语音有必然的关系。最明显的是所谓拟声法，就是摹仿自然的声音，例如鸭声 ap ap 就叫它做"鸭"，猫声 mieu mieu 就叫它做"猫"，雀声 tsiak tsiak 就叫它做"雀"等等。这是以动物的声音为其名称的。

至于摹仿声音以成副词的，就更多了，例如鸠鸣"关关"，鹿鸣"呦呦"，风声"萧萧"，水声"潺潺"，虫声"唧唧"，鸟声"磔格钩辀"，多至不可胜数。然而这种拟声法只能得其大略，不能逼真；所以同是一物之声，在各族语里可以译成种种不同的语音。例如鸭声在英语为 quack，在法语为 couin couin，在意大利语为 qua qua，在德语为 gack gack、gick gəck、quack quack、pack pack，在丹麦语为 rap rap 等。

除了上述的拟声法之外，词汇与语音有没有自然而且必然的关系呢？19 世纪的语源学家多数相信是有关系的。法国 Larousse(1817—1875)在他所著的《拉丁词根考》(Jardin des Racines La-tines)第一课里，曾举出许多例子，如：

[s-]表示尖锐破裂之音：signe(信号)、source(泉水)；

[r-、cr-、fr-、br-、pr-、gr-、tr-]表示粗或强之音：cri(叫声)、frotter(摩擦)；

[fl-]表示液体流动或气体动荡之音：fleuve(河)、flot(波)、souffle(风、气)。

后世语言学家有反对此说的：Grégoire 以为同一概念，在不同的族语里，可成为不同的语音，Vendryes 以为 rivière（小河）与 torrent（瀑布）有流动之义而没有［fl-］之音，fleur（花）有［fl-］之音而没有流动之义。我们如果拿汉语来比较，也觉得"江""河""溪""涧"都与［fl-］之音相差很远。因此，我们决不能相信词汇与语音有自然而且必然的关系。

但是，词汇与语音，在原始时虽没有必然的关系，在词汇发展的过程中，却可以有连带的关系，换句话说，意义相近者其音往往相近，音相近者其意义也往往相近，例如①：

毌	kuan	穿物持之也
贯	kuan	钱贝之贯也
摜	koan	贯也（"摜甲"犹言"贯甲"）
環	goan	璧肉好若一也（"肉"是璧的边，"好"是璧的孔）
鐶	ki-wat	环之有舌者也
綸	Koan	织以丝贯杼也
关	koan	以木横持门户也
辖	goat	车轴头铁也
扃	kiweng	外闭之关也
铉	giwen	鼎扛也（谓所以贯鼎而举之者）
键	g'ian	铉也

---

① 举例采自章太炎《文始》一，所拟的古音指上古音而言。

即此一例,已可证明语音与意义可以有连带的关系。我们可以假定原始先有一个词(例如"丑"),后来加造新词,就自然倾向于采取同音不同调或语音相近的词了。不过,我们并不能因此就说意义相近者其音必相近,如"贯"与"通"意义相近,而其音并不相近。我们尤其不能说音相近者意义必相近,如"官""冠""观"皆与"贯"音相近,而其意义则相差甚远。

凡两词的意义相对立者,其音亦往往相近。有些是声母相同,所谓双声;另有些是韵母相同(包括韵腹、韵尾),所谓叠韵。声母相同或差不多的,例如[①]:

古 kâ	今 kịam	疏 sịâ	数 seok	加 ka
减 kem	消 sịau	息 sịə k	生 sịeng	死 sịei
燥 sau	湿 sịəp	明 mịâng	灭 mịat	锐 dịwad
钝 d'uəvn	文 mịwən	武 mịwâ	规 kịwe	矩 kiwâ
褒 pəu	贬 pịam	男 nəm	女 nịâ	

韵母相同或差不多的,例如:

旦 tan	晚 mịwan	晨 zịən	昏 xuən	好 xəu
丑 tɕ'ịəu	新 sien	陈 d'ịen	聪 ts'ong	聋 ɣong
起 k'ịə	止 tsịə	央 ịang	旁 b'ang	寒 ɣani
暖 nuan	水 ɕịwəi	火 xuəi	祥 zịang	殃 ịang
老 ləu	幼 ịəu			

---

① 举例大致采自章太炎"转注假借说"(《国故论衡》),音值系暂时拟定的上古音。

此外还有许多双音词，即古人所谓言＋连语或联绵字，也是由双声或叠韵组合而成的：

其属于双声者，如"流离""含胡""踌躇""黾勉""唐棣"等。

其属于叠韵者，如"胡卢""支离""章皇""蹉跎""逍遥"等。

甚至古人的名字也喜欢用双声或叠韵，例如"胡亥"是双声，"扶苏"是叠韵。钱大昕在《十驾斋养新录》里，举出这一类的例子很多。总之，双声叠韵在汉语历史上曾有很大的任务，清代的学者已经注意到，而我们现在也不能否认这种事实。

汉语里的字音，有读破的办法，例如"恶"字念入声是善恶的"恶"（形容词）；念去声是好恶的"恶"（动词）；念平声是"恶乎成名"的"恶"（副词）。"乐"字读若"岳"，是音乐的"乐"（名词）；读若"洛"，是喜乐的"乐"（内动词）；如果读为鱼教切，则是"仁者乐山"的"乐"（外动词）。此外如"易""为""观""见"等字，都有两音以上。顾炎武曾注意到上古没有这种办法①，例如《离骚》：

理弱而媒拙兮，恐导言之不固；世溷浊而嫉贤兮，好蔽美而称恶。

"恶"字与"固"字叶韵，显然是念去声；在"好蔽美而称恶"一句里，却又显然是"善恶"的"恶"。可见"善恶"的"恶"本来也可以念去声。读破的办法是后起的，至少可以说不像后代这样分得清楚。

我们推想读破法之起源，大约是由于人类喜欢辨别的心理。

---

①见《音论》"先儒两声各义之说不尽然"条。

"恶"字既有几种意义，就索性把它念成几种语音，以免相混。不过，等到音义都不相同之后，即使字形相同①，我们也该认为两字。因为文字只是语言的符号；在语言里显然有分别的两个词，在文字上不能分别，我们反该怪文字不能尽职了。

第二节　词汇与意义的参差

依语言的原则说，每词只该有一种意义，以免对话人猜测之劳；每一种意义也该只用一个词为代表，因为以一表一已经够用，多了反嫌重复。

但是，依语言的实际情形说，却与上述的情形相反。如果我们把文字的形体问题也考虑在内，那么，词汇与意义的参差可分为三类：

同音词　　　如英文 write、right

同形词　　　如英文 fair（市场）、fair（美）

同义词　　　如英文 polite、courteous

一、同音词

是指字音虽同，字形字义各异而言。在汉语里，此种情形颇多，在上古尤其是如此，例如"士""氏""示""事""视"，"工""公""功""攻""供""宫""弓""恭""躬"等，念起来声音完全相同，写起

---

① 近代对于读破的字，也有令其字形有分别的，就是在字的四角加上一个声调符号，如"好恶"的"恶"写作"恶°"。"恶乎成名"的"恶"写作"°恶"。

来才有分别①。因此有人说汉语是"以目治"的,不是"以耳治"的。甚至有人(如 Keraval)说,中国人说话不能为对话人所了解的时候,要用指头在掌上写字给他看。这是污蔑我们的民族的话。汉语发展到现阶段,已经变了复音词占优势的语言,特别是在政治性的文章里,复音词常在百分之八十以上,同音词少到那种程度,已经和上古汉语有很大的差别了。

二、同形词

是指字音、字形皆同,惟字义各异而言②。例如:

师 { 1. 二千五百人为师
2. 范也,教人以道者之称

徒 { 1. 党也
2. 弟子也
3. 步行也
4. 但也

巾 { 1. 佩巾也
2. 蒙首衣也

三、同义词

是指同一意义可由两个以上的词为代表。在汉语里,意义相同的词甚多,例如《尔雅》所载:

初、哉、首、基、肇、祖、元、胎、俶、落、权舆,始也。

---

① 但在某些地方的客家话里,"供""宫""弓""恭""躬"和"工""公""功""攻"是有分别的。

② 自然也可以是同形不同音,但究竟同音的占多数。

仪、若、祥、淑、鲜、省、臧、嘉、令、类、綝、毂、攻、穀、介、徽，善也。

由上述三种情形看来，词与意义的参差是显然的。但我们如果作精细的观察，则见问题并不如此简单。我们要知道，无论何词，一到了句子里，其意义就变为"适时的"，与别的时候的意义不一定相同；又是"唯一的"，与别的词义决不至于相混。由此而论，所谓同音词（一音多义）、同形词（一字多义）、同义词（一义多词），一用在一定的上下文里，它的意义还是很明确的。现在试仔细讨论如下：

（1）同音词既是一音多义，似乎会有意义含糊的毛病；然而这一类的毛病，多半为上下文所补救了。譬如你说"工人做工"与"战士立功"，绝对不致令人误会为"工人做功"或"战士立工"。这因为上下文的环境所限，决不容我们有所误解。况且最近二三十年来，汉语双音词渐渐占了优势，同音的词也跟着大大地减少。如"工作"的"工"，在白话里，决不会与"公共"的"公"相混。这是就口语而论的，已经不会有含糊的毛病。至于写下来的文章，既然字形不同，就越发不成问题了。

（2）同形词本可与同音词并为一谈，因为如果遇着不识字的人，就没有音与形的分别了。再说，从同形词也可演变为同音词。例如：

$$原\begin{cases}1.\ 水源也\\2.\ 平原也\end{cases}\longrightarrow\begin{cases}源，水源也\\原，平原也\end{cases}$$

这本是同形词，但后代已经把第一个意义写作"源"，于是变为同音词,因为字形已经不同了。

　　无论同形词或同音词,都可总称为一词多义,换句话说,就是用同一的语音去表示几个不同的概念①。同形词也像同音词一般,其含糊的意义可为上下文所补救。"歼灭敌人一个师"的"师"与"尊敬我们的老师"的"师",何尝不是一听就有了分别呢?它也可为复音词所补救,"书信"的"信"与"信用"的"信"是决不至于混淆的。

　　普通所谓一词多义,往往有两种误解:

　　第一,误以已死的意义与现行的意义同列,如"信"字虽有"再宿"一义,然而此种意义早已死去。文言中虽可说"信宿而行",但"信宿"乃是已死的成语;我们再也不能如《诗经·豳风》"于女信处",或《诗经·周颂》"有客信信"那样活用了。在口语里,连"信宿"也不说了。但"信"字在后代又产生了一种新意义,如"我昨天收到了他的一封信","信"字当"书信"讲。假使我们现在说"信"字有下列的六种意义:

　　　1. 真实也　　2. 信用也　　3. 信任不疑也

　　　4. 使者也　　5. 书信也　　6. 再宿也

这种说法是不妥的。当"信"字产生书信的意义的时候,"再宿"的意义已成过去,它们二者的时代不同,就不该相提并论。严格地说,使者的意义也不该与书信的意义并列;因为书信的意义是从使者的意义生出来的,书信即是使者的替身。除了"信使往还"一类的成语之外,一般人再也不会像《史记·韩世家》称使臣

───────────────

①编者注:"可总……就",《文集》本略去。

为"信臣"那样活用了。

第二,误以为一词可有两种以上的并行的意义。换句话说,就是误认这几种意义是同样重要,不相隶属的。其实,严格地说,每词只能有一个本义,其余都是引申的意义。例如"媚"字,《说文》只注一种意义"说也";《辞源》里却注它有两种意义:

　　1. 谄也。　　2. 爱也,亲顺也。

其实"媚"的本义只是"说也","说"同"悦",等于现代白话所谓"讨好"。从坏的方面说,讨好就是谄;从好的方面说,讨好就是爱或亲顺了。又如"悉"字,依《辞源》所载,它有三种意义:

　　1. 知也。如审悉,熟悉。

　　2. 详尽也。《汉书》:古之治天下,至纤至悉也。

　　3. 皆也。《汉书》:悉引兵渡河。

其实"悉"的本义只是详尽(第二义),是一个形容词。引申为副词,就是尽的意思(第三义);引申为动词,就是知道得详尽的意思。

本义是占优势的,但它不一定能永远占优势。一旦失势,引申之义起而夺取其优越之地位,原有的本义倒反湮没无闻。例如"检"字,依《说文》是"书署也",本是书的标签的意思,引申为"检查"的"检"。但自汉代以后,检查的意义已占优势,标签的意义倒反湮没无闻。轮着检查为本义,而"检讨"的"检",却又是检查的引申义了。

本义只能有一个。如果一个词包含着两个势均力敌的意义,我们只好把它们当作两个词看待。例如上述"信用"的"信"

与"书信"的"信",两种意义势均力敌,这与同音词并没有什么分别。研究语言的人,当以语言为标准,不当以文字为标准。在语言里,"信用""书信""迅速",其中三个 sin 音,就有三种不同的解释。我们应该把它们视同一律,不应该为文字所迷惑。如果我们说"信用"的"信"与"书信"的"信"距离近些,与"迅速"的"迅"距离远些,就是上文字上的当了①。

(3)末了,说到一义多词。所谓同义词,只是一个一般的说法,实际上,没有两个词的用途是完全相同的。例如上文所述"初"字与"始"字同义,"嘉"字与"善"字同义,这只是说在某一些情形之下,它们可以相通。"初入学校"可以换为"始入学校","嘉言"可以换为"善言",这是可以通用的。但是,在大多数情形之下,它们却各有不同的用途。如"八月初一",不能写成"八月始一","嘉纳"不能写成"善纳","其志可嘉"也不能写成"其志可善"。至于"首""元"等字之与"始","令""淑"等字之与"善"(见上文所引《尔雅》),更不能谓为同义,只能说它们在千百种用途当中,偶然有几种用途相仿佛罢了。

第三节　各地词汇的异同

中国各地的汉族人民,互相听不懂话,并非因为语法的不同(上章说过,各地语法的差别是很微的),而是因为语音或词汇的

---

① 北京"迅""信"不同音,这里是指中国多数方言而言。编者注:《文集》本无"研究语言的人……当了"。

差别。再拿语音与词汇比较，我们觉得词汇上的差别更足以障碍双方的了解。这有两种原因：第一，语音是可以类推的，词汇是不可以类推的。我们知道了一个字音，便可用类推法去猜知许多字音。但我们知道了某地的一个词之后，并不能用类推法去猜知许多词。第二，各地语音虽说不同，毕竟有些仿佛，例如"见"字，北京音是 tɕian，苏州音是 tɕie，客家音是 kian。北京与苏州的声母相同，客家与北京的韵母相同。苏州人听客家的"见"字，自然难懂些，然而到底大家都是齐齿呼，仍有相同之点。况且苏州音与客家音，并不是每个字都像"见"字这样差得很远。例如"黑"字，苏州音与客家音就很相近（苏州念 həʔ，客家念 het 或 hət）。可惜苏州人说的"黑葛（的）衣裳"，在客家人口里却变为"乌介（的）衣裳"！这只能怪词汇上的差别了。

各地词汇的异同，可分为同词同义、同词异义、同义异词三方面来讨论。

（一）所谓同词同义。就是两地的语词与意义完全相同，只在语音上有分别。假如把这些语词写下来，两地都是一样的写法。例如"东方红，太阳升"这一句话，是全中国可以通用的。甲地的人听乙地的人说这句话，很容易听得懂。即使听不懂，也只能怪语音上的差别，与词汇毫无关系。

（二）至于同词异义，乃是甲乙两地都有这个词，乍听起来是一样的，实际上它们的涵义各有不同。例如苏州的"那么"（读如苏州音的"难末"），乍听起来很像北京的"那么"，其实苏州的"那么"略等于文言的"于是"，北京的"那么"略等于文言的"然则"。

苏州另有一个"格末"，略等于文言的"然则"，才与北京的"那么"大致相当。又如嘉兴的"阿爹"是父亲，苏州的"阿爹"是祖父，广西博白的"阿爹"是外祖母。苏州的"娘娘"是姑母，常州的"娘娘"是母亲。粤语和客家话的"兄弟"等于文言的"兄弟"，官话和吴语的"兄弟"只等于文言的一个"弟"字[1]，另以"弟兄"去替代文言的"兄弟"。广州的"交关"略等于北京的"厉害"，上海的"交关"略等于北京的"很"。苏州的"北瓜"等于常州的"南瓜"，苏州的"南瓜"等于常州的"北瓜"。东北的"地瓜"是北京所谓"白薯"、广州所谓"番薯"、上海所谓"山芋"；四川的"地瓜"是广州所谓"沙葛"、湖南所谓"凉茹"。北京的"走"等于文言的"行"，广州的"走"等于文言的"走"。这种同词异义的例子，可以举得很多。我们听外地的人说话，对于这一类的语词，最容易上当。同词同义，自然不生问题；同义异词，完全听不懂，也就索性不去管它；惟有同词异义，听起来似懂不懂，就最容易发生误会了。

另有一种情形，是介乎同词同义与同词异义之间的：在某一些用途上，同此一词，甲乙两地都可通用；在另一些用途上，甲乙两地所用的词却不相同了。例如"高"字，在官话、吴语、闽语、粤语、客家话的词汇里都有它，乍看起来，它在这五系方言里的用途，似乎是一样的。不错，譬如你说"这棵树很高"，在此情形之下，全国人大约都用"高"字。但是，广州人说的"佢生得好高"，译成苏州话却是"俚长得蛮长"，译成北京话却是"他长得个子很

---

[1] 就北京话来说，"兄弟"的"弟"念轻音时，"兄弟"等于"弟"。如果两字都念重音，就等于"兄和弟"。

大"。可见广州的"高"与苏州、北京的"高",只在某一些用途上是同义的;在另一些用途上,广州用"高"(客家同),苏州、北京却在一般习惯上不用"高"①,这就显出用途广狭的差别来了。又如:

$$广州的"讲"=北京的\begin{cases}1.\text{"讲"}\\2.\text{"说"}\end{cases}$$

所以广州的"讲道理"仍等于北京的"讲道理",而不能译为"说道理";广州的"讲乜野"可译为北京的"说什么"②,不大能译为"讲什么"。又如:

$$梅县的"爱"=北京的\begin{cases}1.\text{"爱"}\\2.\text{"要"}\end{cases}$$

所以梅县的"我爱你"仍等于北京的"我爱你",而不能译为"我要你"。但梅县的"我唔爱去",只可译为北京的"我不要去",却不能译为"我不爱去"("我不爱去"是另一意思)。又如:

$$广西南部的"冇"=广州的\begin{cases}1.\text{"冇"}(无也)③\\2.\text{"唔"}(不也)\end{cases}$$

所以广西的"冇人"仍等于广州的"冇人",而不能译为"唔人";但广西的"冇怕"(不怕)只可译为广州的"唔怕",不能仍用"冇怕"。此外,如广州的人瘦与肉瘦都叫"瘦",苏州人瘦叫"瘦",肉瘦叫"精"("精肉");广州的人肥与肉肥都叫"肥",北京肉肥叫"肥",

——————————

①自然还可用"高"字,但这只是书本的影响。
②"乜"字,广州人念 mat。
③"冇"字,广西人念 mao,广州人念 mou。"唔"字,广州人念 m。

人肥叫"胖"。诸如此类,不胜枚举,都是介乎同词同义与同词异义之间的。这种参差的现象,在各地词汇的差别上,最为重要;因为这不但是词汇不同,而且连概念的范围也不相同了。

(三)末了,说到同义异词,又可细分为两类:

第一,词虽不同,而它们的用途完全相同。我们可以照数学公式给它们一个等号。如:

北京的"等会儿"=苏州的"晏歇"=绍兴的"等歇"

北京的"明天"=苏州的"明朝"=大埔的"天光日"

北京的"妻子"或"媳妇儿"=苏州的"家小"=广州的"老婆"

北京的"谁"=广州的"边个"=客家的"乜人"

北京的"小孩儿"=苏州的"小干"=广州的"细佬哥"=客家的"大细儿"

北京的"荸荠"=广州的"马蹄"

北京的"什么"=上海的"啥"=广州的"乜野"=客家的"乜介"

北京的"猴子"=苏州的"活狲"=广州的"马骝"

北京的"棉袄"=苏州的"裲"=厦门的"棉裘"=广州的"棉袍"

北京的"摔觔斗"=苏州的"跌跟斗"=厦门的"跋倒"=客家的"跌倒"

第二,是词既不同,用途又广狭不等。这也是概念的范围不同。例如:

北京的"这么"=上海的 $\begin{cases}1.\text{"介"(表程度)}\\2.\text{"实介能"(表方式)}\end{cases}$

所以北京的"这么大"可译为上海的"介大",而不能译为"实介能大";北京的"这么办"可译为上海的"实介能办",而不能译为"介办"。又如：

$$上海的"交关"＝北京的\begin{cases}1.\text{"很"}（形容词前）\\2.\text{"多"}（形容词后）\end{cases}$$

所以上海的"交关大"可译为北京的"很大",而不可译为"大多了";上海的"大交关"可译为北京的"大多了",而不可译为"很大"。又如：

$$广州的"啱"[ŋam]＝北京的\begin{cases}\text{"刚"}（动词前）\\\text{"巧"}（动词后）\\\text{"对"}\\\text{"合适"}\\\text{"要好"}\\……\end{cases}$$

广州人说的"佢啱翻嚟",等于北京的"他刚回来";广州"佢嚟得真啱",等于北京"他来得真巧";广州"呢个题目佢答得唔啱",等于北京"这题目他答得不对";广州"呢件衣服唔啱佢着",等于北京"这一件衣裳不合他穿";广州"我同佢好啱",等于北京"我跟他很要好"。此外,"啱"字的用途还有许多。如广州"唔啱你就去",略等于北京"要不你就去罢"。可见有许多语词都不能马马虎虎地给它们一个等号。

有些词,是甲地所有而乙地所无的;非但没有同一的词（同词同义）,连相当的词（同义异词）也没有。因为没有此种概念,自然没有此词。譬如乙地没有某种东西或某种风俗,自然它的词汇里就用不着与这种东西或这种风俗相当的词了。江、浙、闽、粤没有"窝窝头",我们就没法子把北京的"窝窝头"译为吴、闽、粤语,于是它们也就缺少这一个词。反过来说,北方没有"龙眼"(闽、粤的果名),北方的词汇里自然也没有它。遇着这种情形,若要翻译,就只好用硬译法。例如我们对广东人说北京有一种"窝窝头",再详细描写"窝窝头"是怎样的形式与滋味。他们既然没有这种概念,听来总难免隔膜,这是没有法子的事了。

由此看来,各地词汇是参差不齐的,我们切不可误以为甲地某词在乙地一定有某词与它相当,尤其不可误认甲地某一个词仅与乙地的某一个词相当。词汇的参差形成了方言的参差;将来全国交通发达,参差的程度就会大大地减低了的。

第四节　古今词汇的演变

无论任何语言,其古今词汇的演变,都可分为三种方式:缩小式、扩大式、移动式。

缩小式。例如法语 sevrer,出于拉丁 separare,原是使分离的意思。无论使任何物分离,都用得着这动词。后来它的意义范围渐渐缩小,末了,只指使婴儿与乳分离而言,等于汉语所谓"断乳"。

扩大式。例如英语 triumph,出于拉丁 triumphus,原是凯旋的意思(指堂皇的凯旋仪式)。后来它的涵义渐渐扩大,可以泛指一切胜利而言。

移动式,是概念与词的相配关系发生移动。例如法语 bouche(口),出于拉丁语 bucca,原是"颊"的意思。从"颊"转到"口",所以叫做移动式。当然,缩小与扩大也往往由于移动,但移动却不一定就是缩小或扩大。

(一)缩小的例子,在中国字书中,颇为罕见。"瓦"字,《说文》注云:"土器已烧之总名。"《诗经·小雅·斯干》:"乃生女子……载弄之瓦。"毛亨《传》云:"瓦,纺砖也。"纺砖决不是屋上的瓦。但现代一般人口里的"瓦"字,却专指屋上的瓦而言。著字书的人,大约比较喜欢从狭义引申到广义,所以对于这一类缩小式的演变,不大记载下来。然而在现代白话里,我们可以举出颇多的例子。例如"肉"字,本是一切肉类的通称,但当我们叫人去买两斤肉的时候,所谓"肉",决不是指一切的肉,却是专指猪肉而言。由此类推,"买猪肝"可以说成"买肝","买猪肚子"可以说成"买肚子"。又如"屋"字,本是指一所房屋而言,但北京人所说的"屋子",只指的是一个房间。又如苏州人单说"饭",是指午饭而言;单说"房",是指卧房而言。

这种从大范围转到小范围的演变,往往是某一部分的意义渐占优势所致。"肉"的意义缩小为猪肉的意义,正因为汉族人在肉类中最常吃的是猪肉。苏州的"饭"字专指午饭,也许因他们把午饭看得重要些,也许因午饭在晚饭之前。至于"房"字专指卧房,更易解释,因为客房、书房、茅房之类,都比不上卧房重要的缘故。

实际上，当我们应用任何一个词的时候，它的意义也往往比字典里的意义缩小些。例如牧牛人说的"把畜牲赶回家去"，这里"畜牲"指的是牛，如果这句话到了牧羊人的口里，"畜牲"却指的是羊。又如卖水果的小贩所谓"旺月"（生意很好的时节），与开戏院的人所谓"旺月"，其涵义也各有专指的。

（二）扩大的例子就数不清了。譬如：

例字	古义	今义
雄	鸟父也	动物之阳性者
雌	鸟母也	动物之阴性者
双	两鸟也	犹言"一对"也
雏	鸡子也	鸟类之幼子
莲	荷实也	荷也
登	上车也	升也

都是从很狭的意义转到很广的意义的。古人所谓引申，多数就是我们这里所谓扩大式。

极狭的意义，如果不扩大，就有被废除的危险。例如：

藨	苕之黄花也（音"标"）	馰	马白额也（音"的"）
芀	苇华也（音"迢"）	牪	二岁牛也（音"贝"）
梂	栎实也（音"求"）	羳	黄腹羊也（音"烦"）

以上六字皆见于《尔雅》，只因意义太狭，后来又不扩大，只有渐趋于消灭了。消灭之后，原来一个词所能表示的意义，现在只要不怕累赘，用两三个词去表示，就行了。例如现代不用"牪"字，我们要说二岁牛就说"二岁牛"，不是一样地能够达意吗？

（三）**移动**的例子也很多。譬如"走"字原是快步的意义，但现在官话里的"走"字却变了慢步的意义了。"媳妇"原是子妇的意义，但现在北京一般人所谓"媳妇儿"，却是指"妻"而言的了（子妇则称为"儿媳妇"）。最有趣的是五官感触的调换。例如："闻"字原是耳的感受，但现在官话与吴语里的"闻"字却等于文言的"嗅"字，变了鼻的感受了；"听"字原是用耳的一种行为，但现在广西南部该说"嗅"的也说"听"。北京的"闻一闻"等于广西南部的"听一听"（辽东半岛一带也以"听"字当"嗅"字用）。"闻"字在现代官话与吴语里，既失了原来耳的感受的意义，于是这耳的感受的意义只好借"听见"二字组合成词，以表示它了。假设古人复活，听见现代北京人说话，一定会诧异说："北京人奇怪极了！我们说的'嗅'，他们偏要说'闻'；我们说的'闻'，他们偏要说'听见'！"这恰像天上的星宿，因为时令不同，都变更了位置了。

上述三种方式，系假定词汇不增不减而言。然而事实上，词汇决不能不增不减。其增者，系因：新事物的产生或输入；新观念的产生或输入。其减者，系因：旧事物的消灭。

新事物，例如"火车""电话"等；新观念，例如"具体""抽象""本能""直观"等。无论新事物或新观念，其词汇之增加，不外三种方式：第一，是创造新字。如"锌""镭""镍"等；第二，是译音。在古代如"菩萨""南无"，在现代如"逻辑""沙发"等（第二与第一的分别，在乎第二类未造新字）；第三，是译意。如"火车""电话""轮船""炸弹"等。

旧事物消灭以后，其词自然也跟着消灭。除非在民间传说中很占势力，如"龙"才能保存在现代的口语里[①]。否则至多只能在古书中保存着它们的名称。《尔雅》许多不经见的动植物名称，大约都属于此类。

另有一种情形，使词汇的增减恰足相抵的。例如吴语称"蝉"为"蜘蟟"，在口语里，"蝉"字是死了，却有"蜘蟟"一词来替代它。又如《说文》"鲽，比目鱼也"，后世不称"鲽"而称"比目鱼"，也是拿"比目鱼"一词来替代"鲽"。在此情形之下，专就一般口语而论，词汇只有变更，而没有增减。除非在文人的口里或笔下，文言里的字眼或古代的词汇都可应用，才令我们觉得有许多同义词的存在，以致词汇的数量也似乎因此增加。

词汇的演变，其理由大致可如上述。我们不能说没有其他的理由，但为避免繁琐起见，只好说到这里为止了。

---

①"龙"也许古代也不曾有过，今姑假定其有。

第六章　文字

第一节　汉字的起源及其演变

说到汉字的起源，我们会想起结绳的故事。这故事并不是中国所特有的，据说秘鲁古代也有类似的办法，叫做基波（quippos）。秘鲁所用的绳，有各种不同的颜色；所打的绳结，有各种不同的高度与厚度。众绳错综变化，可以代表思想。中国上古所谓结绳，不知能否像基波那样复杂，但至少结绳的事是有的，不能说是古人捏造出来的故事。据说现代也还有结绳纪事的民族。

然而我们不能说结绳就是文字，我们必须把记号与文字的界限分别清楚。结绳只是帮助记忆的一种工具：古人解释结绳是"大事作大结，小事作小结"，可见它只能帮助人类记忆事之有无与大小。纵使它真能启示若干概念，也不能与文字相提并论。因为文字的目的在乎表现一切概念，它的作用绝对不是结绳所能比拟的。

那么，汉字的真正起源是什么呢？

先说，在中国文字学，向来有所谓六书。依《说文》的说法，六书的名称及定义如下：

①象形——画成其物，随体诘诎，"日""月"是也。

②指事——视而可识，察而见意，"上""下"是也。

③会意——比类合谊，以见指㧑，"武""信"是也。

④形声——以事为名，取譬相成，"江""河"是也。

⑤转注——建类一首，同意相受，"考""老"是也。

⑥假借——本无其字，依声托事，"令""长"是也。

在六书当中，只有转注的定义难懂，以致引起许多争论。其中较有势力的是段玉裁的主张。他说："转注，犹言互训也。"[①]意思是说"考"可训"老"，"老"可训"考"。

但朱骏声主张修正《说文》的定义。他说："转注者，体不改造，引意相受，'令''长'是也。假借者，本无其意，依声托事，'朋''来'是也。"[②]为便于解释汉字的实际系统起见，我们赞成朱氏的修正。

依六书的定义看来，它们并不全是文字的起源。象形、指事、会意、形声四者才是造字之法，转注、假借二者只是用字之法。前四者能产生新字，后二者不能。所以转注、假借二者，与文字的起源完全无关。

说到会意与形声，也显然在象形、指事之后。因为它们是合体字；必须先有单体字，它们才能产生。

剩下来，只有象形或指事可以说是汉字的起源了。向来研究六书的人，或谓象形先于指事，或谓指事先于象形。其实二者是不分先后的。汉族的原始文字，自然是纯粹的意符；它们似乎是直接地表示人类的概念，而不着重于表示语音。但我们不要

---

①段玉裁《说文解字注》卷15。

②朱骏声《说文通训定声·序》。

以为文字可以脱离语言而独立存在;当我们阅读文字的时候,即使不念出声音来,心里还是默默地依照语音"读"下去的。古人所谓象形,就是具体的意符;所谓指事,就是抽象的意符。语言的起源,虽可说是往往由具体变为抽象;但文字的产生,远在语言之后。当汉族有文字时,我们的祖先应该已有很丰富的抽象概念了。由此看来,象形与指事同是原始造字的方法。

六书虽不全是文字的起源,然而它是汉字相当完备时期的一种分类法。我们首先应该明白:古人并非先有六书的计划然后造字,而是汉字产生后数千年,然后有些学者定下一种分类法。这种分类法只是后世对于文字分类的一种学说。既是一种学说,就有修正的余地,我们不必像前人把它奉为天经地义。

依我们的看法,汉字可分为两大类:

1. 单体字,古人叫做"文",就是用一个简单的意符来构成的。单体字又可细分为两种:

(1)具体的东西,可以画出形状来的,就用很简单的几笔,画出一个轮廓来,如"马""牛""竹""木"等。这就叫做象形。

(2)抽象的概念,不可以画出形状来的,就设法把这个概念表示出来,如"上""下""一""二"等。这就叫做指事。

2. 合体字,古人叫做"字",就是用两个以上的意符来构成的。合体字又可细分为两种:

(1)把两个意思合成一个意思,也就是把两个意符合成一个字。这种字多数表示抽象的概念,如"好""伐""武(止戈)""炙(肉火)"等,这就叫做会意。会意近于指事(合体指事)。

（2）先画出一个意符表示一个概念，但是表示得不明确，于是注上一个音符。音符本来也是一个意符，但它和意义是毫无关系的，如"江""河""湖""海"等。这就叫做形声。这种字最多，占百分之九十以上。后代造字，一般总是按照形声的原则来造的。这里我们还要注意有一种追加意符的形声字，例如"裘"本作"求"，后加"衣"作"裘"；"仰"本作"卬"，后加"人"作"仰"，等等。但这类字不多。

由此看来，形声字最为后起。迷信《说文》的人，往往从形声字中寻求"本字"，实际上他们却变了舍本逐末！他们以为"专壹"的"专"当作"嫥"，"减省"的"省"当作"渻"，"媄"是"美色"的本字，"枖"或"荍"是"桃之夭夭"的本字。这完全是不懂得文字进化史的缘故。

我们讨论汉字，应该知道字式与字体的分别。字式是文字的结构方式；字体是文字的笔画姿态。例如"好"字，左半是个"女"，右半是个"子"，这是字式。它在小篆里写作 𡥘，在隶书里写作 𡥘，在楷书、行书、草书里又各有其他写法，这是字体的不同。

殷周时代，字式已经大致完备了，字体却正在变迁。大概说起来，古今字体只有两大类：第一类是刀笔文字，其笔画粗细如一，不能为撇捺；第二类是毛笔文字，其笔画能为撇捺，粗细随意。古文、篆书、鸟虫书等，皆属第一类；隶书、楷书（又称今隶）、行书、草书等，皆属第二类。若按时代划分，则字体的演变大致如下：

（1）殷商至春秋之末为第一期。此期用古文。甲骨文及殷商金石文字是古文中之较古者。

（2）战国至秦为第二期。此期用篆书、鸟虫书。

（3）汉代为第三期，用隶书。但草书和行书亦已存在[①]。

（4）东汉至现代为第四期，用楷书。行书、草书只是楷书的速写式。它们是辅助楷书，不是替代楷书。

自然，字式也是随时代而变迁的，不过，我们须特别注意，字式的变迁与字体的变迁并不是并行的进展，二者之间没有必然的关系。例如从殷商至春秋之末，形声字与日俱增，字式可以说是时时刻刻在变迁了，然而字体却大致不生变化。又如"蹤"字之写作"踪"，至早是宋代才有的。宋元以后，"蹤"字的字式增加了另一种，然而这与字体完全无关。谈文字进化史的人们，对于这一种分别，是应该非常看重的。

第二节　形声字的评价

如果说世界各族语都经过象形的阶段，那么，它们也一定经过形声的阶段。人类先有语言，后有文字，所以象形字一定可以读出一个音来，遇必要时，这象形字便可当做音符之用。依古埃及文字而论，形声字可有两种举例[②]：

---

①编者注："但草书和行书亦已存在"为《文集》本所增。此从《文集》本。

②采自 P. Keraval, Le　Langage Ecrit, p. 27。

（1）同一事物而有两种名称，则加音符以为分别，例如 ⌐ 象锄形，但"锄"有 mer 与 hen 两音，mer 音在古埃及文里写作 ○，hen 音写作 ⫙，故"锄"字有下列两式：

　　　　其音同 mer　　　　　　　其音同 hen

（2）同一语音而代表几种事物，则加意符以为分别。例如我们已知 ⫯ 是 mer 音，但念 mer 的字不一定都是"锄"的意义，有时候却是"眼、箱、蛇、受苦"等意义，故再加意符如下：

　　　　　　眼也　　　　　箱也　　　　　蛇也　　　　　受苦也

汉语的形声字，以后一种为最常见。百分之九十以上的汉字，都属于此类。这因为汉字是单音字，同音同义的字特别多，非加意符以为分别不可①。形声字虽说是一边意符（或称形符），一边音符（或称声符），但音符也是由意符变成的。例如"沐"字，篆书作 ⫶ ，左边是水形，右边是木形，但右边只是一个音符，完全失去了"木"的意义了。

音符与其所组成的字不一定同音，例如以"咸"为音符的字可以有下列数种声音：

鹹	ȼian
缄（平声）　减（上声）	tȼian
喊	han

---

①这是就文字的功用来说。若就形声字的起源来说，我们觉得还是先画一个形旁，再加上一个音符较为近理。例如"江"字，是先画一条水，后来觉得一条水不一定是江，所以再注上一个声音。

篯　　　铖　　　　　　　　tʂən

又如以"甬"为音符的字，可以有下列数种声音：

勇　　　　　　　　　　　yung

通（平声）　桶（上声）　痛（去声）　t'ung

诵　　　　　　　　　　　sung

这是原始就故意造成不同音呢，还是后世的音变呢？关于这一点，现在还没有定论。不过，单就这些现存事实看来，形声字已经不是很便利的东西，因为我们并不能凭借音符正确地读出那字的音来。

除此之外，现代形声字的毛病还有六种：

（1）字式变易，以致音符难认。例如：

讀——𧶲声（𧶲，余六切）。今与"賣"混。

卻——谷声（谷，其虐切）。今与"谷"混。

郭——𩫏声（𩫏，古博切）。今与"享"混。

執——幸声（幸，尼辄切）。今与"幸"混。

稽——禾声（禾，古奚切）。今与"禾"混。

哉——𢦏声。今"𢦏"形不可识。

書——者声。今"者"形不可识。

華——亏声（亏，同"于"）。今"亏"形不可识。

喪——亾声。今"亾"形不可识。

往——（㞷，户光切）。今"㞷"形不可识。

定——正声。今"正"形不可识。

适——啻声。今"啻"形不可识。

飲——龠声（龠，於琰切）。今变为"食"旁。

急——及声。今"及"形不可识。

襲——龖声（龖，徒合切）。今"龖"形不可识。

（2）字音变易，以致音符不像音符。例如：

等——寺声。"寺""等"古音相近，今音则甚远。

義——我声。"我""义"古音相近，今音则甚远。

醋——昔声。"昔""醋"古音相近，今音则甚远。

萧——肃声。"肃""萧"古音相近，今音则甚远。

迪——由声。"由""迪"古音相近，今音则甚远。

贿——有声。"有""贿"古音相近，今音则甚远。

偷——俞声。"俞""偷"古音相近，今音则甚远。

否——不声。"不""否"古音相近，今音则甚远。

（3）字义变易，以致意符不像意符。例如上文"词汇"章第二节所举的"检"字，《说文》云"书署也"，大约就是书架上的小木签，以便检查书籍的。后来，引申为检查的意义，大家就忘了它原是木制的书签，于是"木"旁再也不像一个意符，我们也就不能明白为什么"检"字从"木"了。依普通常识推测，检查的"检"字如果从"手"作"捡"，不是更合理吗？近来学生笔下的别字，有许多是由此而起的。

（4）同音的音符太多，以致误用甲音符替代乙音符。在上古时代，凡是纯粹的形声字，它的音符都是可以随便采用的。例如"桐"字，从"同"固然可以，从"童"作"橦"也未尝不可。假使我们的远祖把"桐"字写作"橦"，自然也一样地合理。但是，自从"桐"

字创造了之后，约定俗成，我们就不许另写作"橦"了。正因如此，所以形声字容易误写。

（5）对于一个概念，可用的意符不止一个。有些字，从这个意符固然很对，从那个意符也说得通。我们有什么理由去说明"哑"字不该写作"啞"？但是，古人已经用了甲意符，我们就不许再用乙意符。除了很少数的例外（如"唇""脣"通用，"詤""悦"通用），我们只好硬记着古人的习惯，于是"躲避"不许写作"趒避"，"鞭子"不许写作"鞕子"。为什么？简单的回答就是因为你不是古人！甚至很不合理的形声字，也只好保留着，例如"骗"字本是"跃而乘马"的意义，毫无诓骗的意思，后来有人借用为诓骗的骗，相沿成为习惯，大家也只好写个"马"旁；如果有人写作"谝"，我们就说他是写别字。其实，平心而论，"言"旁不是比"马"旁好些吗？

（6）形声字的原则深入群众脑筋，以致误加意符。其本有意符而赘加者，如"尝"误作"嚐"，"感激"误作"憾激"；其本无意符而误加者，如"灰心"误作"恢心"，"夹袍"误作"裌袍"，"安电灯"误作"按电灯"，"包子"误作"饱子"。这一类的别字，是尚为一般文字学者所指斥的；然而古人也未尝不犯同样的毛病。例如"原"本从"水"（今变为从"小"），再加水旁作"源"；"然"本从"火"，再加"火"旁作"燃"，这不是本有意符而赘加吗？"纹"本作"文"，"避"本作"辟"，这不是本无意符而误加吗？不过习非成是，经过社会公认，就不再受指斥罢了。

由以上各节看来，形声字的流弊很多，汉字容易写错，就是这个缘故。形声字为什么不像西洋文字那样变为拼音字呢？这因为古代汉语单音词太多，同音异义的词也就太多，非形声字不足以示区别。现在复音词已经大大地增加了，将来是会走上拼音的道路的。

第三节　新字义的产生

咱们查字典的时候，常常看见一个字不止有一个意义，甚至有多到几十个意义的。但是，咱们应该知道，这些字义并不是同时产生的，有时候他们的时代相隔一二千年。现在一般的字典对于每一字的意义，并没有按照时代来安排，所以单凭字典并不能看出字义产生的先后。例如"翦"字，依《辞海》里说，第一个意义是"翦刀曰翦"，第二个意义是"断也"，其实第二个意义比第一个意义早了千余年。又如"尼"字，依《辞海》里说，第一个意义是"女僧也"，第二个意义是山名，其实第二个意义也比第一个意义早了千年或八九百年。

新义和古义的关系，并不像母子的关系。先说，新义不一定是由古义生出来的（见下文），再说，即就那些由古义生出来的新义而论，几千年前的古义往往能和几千年后的新义同时存在，甚至新义经过若干时期之后，由衰老以至于死亡，而古义却像长生不老似的。若勉强以母子的关系相比，可以说是二千岁的老太婆和她的儿子、孙子、曾孙、玄孙、来孙、晜孙、礽孙、云孙累代同堂。有时候，二千岁的老太婆还有二三十岁的晚生儿子；又有时候,儿子、孙子、重孙子都死了,而老太婆巍然独存,她的年纪虽老,却毫无衰老的状态,当如《汉武帝内传》里所描写的西王母,看去只像三十岁的人。当然,也有些老太婆早已死去,只剩她的孙子或重孙子的;但是,二千岁以上的老太婆现在还活着的毕竟占大多数。以上所说的譬喻颇近似于神话,实际的人生不会是这样的。所以我们说,新义和古义的关系并不像母子的关系。

由上文所说,新义的产生可以分为两类:第一是孳生;第二是寄生。所谓孳生,就是由原来的意义生出一种相近的意义,古人把这种情况叫做引申。例如上文所举的"翦"字(即今之"剪"字),由剪断的意义引申,于是用以剪断的一种工具也叫做"翦"(即剪子),两种意义很相近,不过一个是动词,一个是名词而已。所谓寄生,却不是由原来的意义生出来的,只是毫不相干的一种意义,偶然寄托在某一个字的形体上。但是,等到寄生的时间长了,也就往往和那字不能再分离了,古人把这种情况叫做假借。例如上所举的"尼"字,尼山的意义和尼姑的意义是毫无关系的,不过偶然遇合而已。由此看来,孳生还有点像母子关系(但严格说起来也不像,见上文),寄生就连螟蛉子也不很像,只是寄人篱下罢了。但是,如果原来的意义消灭了,新义独占一字,也就变成了鸠占鹊巢。例如"仔"字本是挑担的意思,现在只当仔细字讲;"骗"字本是跃而乘马的意思,现在只当欺骗字讲。有时候,寄生的字本身也可以孳生,恰像螟蛉子也可以有他亲生的儿子,所以有些字所包含的几个意义是孳生、寄生的关系都有,而且它们之间的关系是相当复杂的。

孳生的情形是很有趣的。许多孳生的意义都不像上文所说的"龜"字那样简单。有时候,它们渐变渐远,竟像和最初的意义毫无关系似的。这好比曾祖和曾孙的面貌极不相像。但如果把他们祖孙四代集合在一处来仔细观察,却还看得出那祖父有几分像那曾祖,那父亲又有几分像那祖父,那儿子也有几分像那父亲。例如"皂"字的本义是黑色(古人说"不分皂白"就是"不分黑白");皂荚之得名,由于它熟后的颜色是黑的。皂荚之中有一种开白花的,荚厚多肥,叫做肥皂荚,省称为"肥皂",可以为洗衣之用。后来西洋的石碱传入中国,江浙一带的人因为它的功用和肥皂荚相同,所以称为"洋肥皂",后来又省去"洋"字,只叫做"肥皂"。其中有一种香的肥皂,又省去"肥"字,只称"香皂",于是,"皂"字的意义竟等于"石碱"的意义,也就是北方所谓"胰子"。由黑色的意义转到"胰子"的意义上去,几乎是不可思议。谁看见过胰子是黑的(不是不可能,却是罕见)? 但如果咱们追溯"香皂"的"皂"字的意义来源,却又不能说它与黑色的意义没有关系。

　　有时候,孳生和寄生的界限,似乎不很清楚。说是孳生罢,却并非由本义引申而来;说是寄生罢,却不像上文所举仔细的"仔"、欺骗的"骗",和它们的本义毫无关系。例如"颜"字的本义是"眉目之间也","色"字的本义是"眉目之间的表情",所以"颜""色"二字常常连用。但那"色"字另有一个意义是色彩。这色彩的意义是"颜"字本来没有的,只因"颜""色"二字常常相连,"色"字也就把色彩的意义传染给"颜"了。于是"颜色"共有两种意义:其一是当容色讲,另一是当色彩讲。到了后来,后一种意义渐渐占了优势,至少在口语里是如此。但是,在起初的时候,"颜"字还不能单独地表示色彩的意义,例如"目迷五色"不能说成"目迷五颜","杂色的花"不能说成"杂颜的花"。直到"颜料"这一个新名词出世之后,"颜"字才开始单独地表示色彩的意义了。乍看起来,"颜"字产生这色彩的意义似乎是孳生,其实只是寄生。不过,有了传染的情形,就不是普通的寄生了,咱们可以把这种情形叫做特别的寄生。

新字义的产生,有时候是由于自然的演变,有时候是由于时代的需要。所谓自然的演变,就是语言里对于某一意义并非无字可表,只是某字随着自然的趋势,生出一种新意义来,以致造成一种一义多字的情形。例如既有"皆",又有"都";既有"嗅",又有"闻";既有"代",又有"替",等等。所谓时代的需要,是社会上产生一种新事物,需要一个新名称,人们固然可以创造一个新字或新词,但也可以假借一个旧字而给它一种新的意义。例如"枪"字,本来指的是刀枪剑戟的枪,后来又指现代兵器的枪。"炮"字("砲"字),本来指的是发石击人的一种机器,后来又指现代兵器的炮。大致说来,由于自然的演变的情形居大多数,由于时代的需要的情形是颇为少见的。

除了上面的两种原因之外,新字义的产生还有两种原因:第一是忌讳,第二是谬误的复古。

从前皇帝的名字是要避讳的,就是所谓庙讳。因为避讳,该用甲字的时候,往往用乙字来替代,于是乙字就添了一种新的意义。例如"祖孙三代"在唐以前本该说成"祖孙三世",因为唐太宗的名字是李世民,所以唐朝人就改"世"为"代"了。最有趣的是,唐亡之后,应该可以不必再讳言"世"字,然而大家用惯了"祖孙三代"的说法,也就很少人想恢复"祖孙三世"的说法了。从此以后,"代"字就增加了一种新的意义了。

所谓谬误的复古,是写文章的人存心要运用古义,但是因为学力不足,他们所认为的古义却是一种杜撰的新义。例如清代的笔记小说里,有许多"若"字是当"他"字讲的,其实"若"字的古义是"你",不是"他"。又如现代书报上的"购"字当"买"字讲,其实"购"字的古义只是"悬赏征求",不是"买"。以"若"为"他"之类,恐怕还有人指摘;至于以"购"为"买"之类,大家都已经习非成是了。求古而得新,这是爱用古义的人所料想不到的。然而这种情形可见不少。

关于新字义的产生,我们这几段话不过是随便说说而已,若要仔细研究,应该时时留心每一个字的新旧意义,咱们首先要问:这个意义是什么时候就有了的? 其次要问:这个意义是怎么样产生出来的? 咱们虽然不能完全解决这个问题,但是由这些问题所引起的兴趣已经是无穷的了。

第七章　字的写法、读音和意义①

汉语的文字学，一向分为形、音、义三部分来讲。字形是字的结构形式，字音是字的读音，字义是字的意义。这种分法，直到现在还是适用的。这里所讲的形、音、义，都是举例性质。因为不可能说得很详尽，而且没有这个必要。

第一节　字形

现在先讲字形。我们不想根据什么六书来讲，只是分析一下怎么样的字才算是正确的字。所谓正确的字，就是全社会或全民族通用的字。

一、正字和俗字

从前的文字学家们对于汉字的正字法，有一种不正确的看法。他们以为最古的字形才是正确的字，或者说根据传统的字典写法才是正确的字。有些字，虽然全社会通用了，仍然被认为"俗字"。例如"胆"被认为"膽"的俗字，"还"被认为"還"的俗字等。在汉字还没有简化的时代，"膽""還"一类的字算是正楷，印刷必须用它们，正式文件的抄写必须用它们。最可笑的是：有一类字，连正式文件的抄写也可以用它们了，但是仍然被认为俗字。例如"脚"字已经能算是正楷了，字典里还要说它是俗字，并且说正字是"腳"。而这个"腳"啊，连文字学家们自己都不会这

---

①编者注：本章内容王力先生写成于 1951 年，1957 年又进行了修订，名称也由原来的《字的形音义》改为《字的写法、读音和意义》。

样写它的！又如"者"字，据说中间应该有一点（即"者"）才是正字，但是咱们看见过谁写那一点呢？总之，如果全社会都通用的字，哪怕它本来是俗字，也应该认为是正字。拘泥于古代字典的写法，把全社会都不通用的字看作是正字，那是错误的。

事实上，经过了初步的文字改革，汉字简化了，许多"俗字"已经被正式承认为正字了，而原来的正字只能在古书上见面了。例如（左字是原来的俗字，右字是原来的正字）：

罢罷	宝寶	备備	办辦	帮幫	标標	边邊	庙廟
奋奮	妇婦	复復	达達	导導	担擔	当當	党黨
灯燈	邓鄧	敌敵	点點	独獨	夺奪	队隊	对對
断斷	动動	态態	头頭	垫墊	体體	铁鐵	条條
听聽	团團	难難	拟擬	农農	离離	疗療	辽遼
刘劉	联聯	灵靈	罗羅	乱亂	龙龍	开開	盖蓋
赶趕	国國	过過	归歸	龟龜	关關	观觀	广廣
巩鞏	块塊	亏虧	华華	画畫	获獲	怀懷	坏壞
会會	欢歡	还還	击擊	际際	积積	极極	继繼
阶階	旧舊	艰艱	歼殲	尽盡	仅僅	进進	惊驚
惧懼	举舉	剧劇	齐齊	窃竊	迁遷	庆慶	区區
权權	劝勸	习習	协協	献獻	响響	兴興	选選
执執	这這	战戰	种種	厂廠	称稱	惩懲	虫蟲
产產	实實	势勢	晒曬	寿壽	伤傷	审審	声聲
胜勝	双雙	让讓	灶竈	总總	辞辭	参參	惨慘
蚕蠶	扫掃	苏蘇	虽雖	爱愛	碍礙	叶葉	医醫

义義　压壓　优優　邮郵　养養　样樣　蝇蠅　应應

务務　万萬　与與　远遠　运運　拥擁

上面所举的例子,有些是通行了几百年的老俗字,如"宝、边、庙、当、党、担、对、断、头、体、铁、条、听、难、拟、刘、灵、罗、乱、国、过、归、龟、观、坏、会、欢、还、惊、继、旧、尽、惧、举、齐、窃、权、献、响、兴、执、这、称、虫、实、势、晒、寿、声、双、灶、辞、参、蚕、苏、碍、义、蝇、应、万、与"等;有些是最近几年或十几年才通行的新俗字,如"达、敌、队、农、开、广、华、击、歼、进、庆、习、厂、产、审、胜、让、优、样、务、拥"等。到了现在,它们都取得了合法的地位。

俗字是人民创造的,现在俗字取得了合法的地位,汉字简化了,人民学习文字减少了困难,这是人民的胜利。但是,我们能不能由此得出结论,说人们可以随便创造文字,而不必遵守正字法呢?不,我们不能这样说。文字改革的工作是要给人民学习上的方便,不是给人们添麻烦。汉字简化了,大家写起来节省时间,这是好的;但是简化要有一定的格式,决不是今天你造一个字,明天我造一个字,使汉字进入了无政府状态,不再有规范可言。假使汉字是没有规范的话,咱们认字就会发生困难了。现在汉字简化的工作还没有完成,如果大家创造了好的简化字,可以向中国文字改革委员会提出建议,将来由政府正式公布,就可以用了。但是,没有经过政府公布的简化字仍然应该被认为违反正字法的。

有些字,本来有两种以上的简化形式;但是,由于汉字不能没有规范,政府只能选择一个来公布。这样,被择定的一个应该认为是正字,未被选择的一个(或更多)应该认为是俗字。为了维护正字法,这种俗字是应该避免的。在下面所举各组的简化字当中,第一个字是正字,其余一个(或更多)是俗字:

导孖　邓邓　国囯　关関　广庅　块圦　画畫　汉汗
图圖　价価　齐斉　庆庆　寿壽　胜脌　与与　阶阯
护䕶　严嚴　杂什

总之,为了维护汉字严格的规范,咱们仍旧应该提倡正字,避免俗字。不过咱们对俗字的看法已经和从前文字学家们的看法有本质上的不同:从前文字学家们为了复古,所以他们反对俗字;现在咱们为了人民学习的便利,已经把大量的"俗字"提升为正字。咱们只是不希望一个字有几个形体,所以除了正体之外,只好认为俗字了。

二、异体字

上节说过,咱们不希望一个字有几个形体,否则汉字就缺乏严格的规范。但是,在传统的写法中,就有许多字是不止一个形体的,这在古人叫做通用字。例如"綫"和"線"是通用字,古人认为两种写法都不算错。有些字的写法可以多到四种以上,例如"暖"字又可以写作"煖""暄""烜";"橹"字可以写作"艪""艫""樐""樐"。实际上,这是增加人民学习上的负担。咱们应该做到字有定形,有定数。因此,应该废除那些异体字。这就是说,每一个字如果有两个以上的形体,就只择定一个,其余都认为异体字,它们将从印刷厂的排字房里被清除出去,咱们写字的时候也不再写它们。

现在我们举出一些比较常见的异体字为例。在这些例子当中,每一组的第一个字被择定为正字,其余都是被废除了的异体字:

霸覇　钵缽　驳駮　柏栢　杯盃　褒襃　坂阪　奔犇

逼偪　秘祕　弊獘　飈飙　遍徧　冰氷　并併並竝

炮砲礮　匹疋　凭凴憑　瓶缾　骂駡　麻蔴　脉脈脈

觅覔　妙竗　绵緜　凡凣　泛汎　蜂蠭　峰峯　俯俛

附坿　捣擣　豆荳　淡澹　凳櫈　堤隄　蝶蜨　吊弔

睹覩　妒妬　朵朶　遁遯　叹歎　剃薙　啼嗁　同仝

拿舎挐挈　奶嬭　乃迺　昵暱　年秊　娘孃　泪淚

懒嬾　厘釐　犁犂　狸貍　璃瓈　留畱　奁匲　炼鍊

帘簾　麟麐　吝恡　梁樑　粮糧　戮勠　裸躶臝

略畧　阁閤　歌謌　丐匄　皋臯　糕餻　够夠　钩鉤

耕畊　粳梗秔　雇僱　菇菰　挂掛　果菓　椁槨

怪恠　阔濶　管筦　馆館　躬躳　咳欬　考攷　裤袴

馈餽　况況　核覈　和咊龢　恒恆　辉煇　回囘

混溷　鸡雞　迹跡蹟　劫刦刧　杰傑　剿勦　脚腳

厩廐廄　韭韮　笺牋椾　剑劒　鉴鑑　奸姦　剪翦

荐薦　紧緊　僵殭　斤觔　阱穽　径逕　净淨　巨鉅

据據　俊儁　炯烱　迥逈　棋碁棊　栖棲　凄凄悽

旗旂　弃棄　憩憇　蒿茠　丘坵邱　虹蚅　鳅鰍

球毬　擒捦　强強彊　墙牆　麯麴　却卻郄　券莽

群羣　裙帬　溪谿　晰晳　席蓆　膝厀　厦廈　邪衺

蟹蠏　蝎蠍　泄洩　緤絏　鞋鞵　携攜㩦　笑咲

效効傚　修脩　绣繡　衔銜啣　弦絃　仙僊　鲜尠尟鱻

闲閒　崒巋　餉饟　向嚮　叙敘敍　勖勗　恤卹

婿壻　靴鞾　喧諠　萱蕿　璇璿　勋勳　寻尋①　巡廵

凶兇　胸胷　置寘　蹐跡　只衹秖　志誌　纸帋

辄輒　扎紥紮　谪讁　哲喆　愒憩矏　寨砦　照炤

棹櫂　周週　咒呪　帚箒　盏琖醆　耻恥　痴癡

敕勅勑　察詧　雕讎②　酬酧醻　绸紬　嗔瞋　尝嚐嘗

场塲　撑撐　澄澂　锄鉏耡　锤鎚　船舡　唇脣

萅蓴　创刅③　窗窓窻膆膇　床牀　冲沖翀衝　虱蝨

尸屍　湿溼　谥謚　实實寔　时旹　视际眂　射躲

删刪　膳鳝　慎昚　升陞昇　剩賸　竖竪　疏疎

薯藷　绕遶　饪飪　衽袵　箸篛　蕊蘂蘃　睿叡

软輭　熔镕　灾灾栽菑　噪譟　皂皁　咱喒嗒偺俺

赞贊讚　匝帀　葬塟　罪辠　樽罇　踪蹤　棕椶

粽糉　词𧥣　辞辤辝　糁糝　厕廁　策筴④　才纔

踩跴　采綵　彩綵　草艸　凑湊　惭慙　粗觕麤

脆脃　村邨　匆忽悤　葱蔥　饲飤　祀禩　俟竢

似侣　洒灑　涩澁澀　腮顋　搜蒐　伞繖　溯泝遡

---

①编者注：教育本作"徇狗"。
②编者注：教育本作"瞅瞭"。
③编者注：教育本作"春荳"。
④编者注：教育本作"册册"。

訴愬　苏蘇甦　笋筍　腭齶顎　訛譌　额頟　扼搤

鵝鵞䳘　厄阨戹　碍礙　呆獃騃　鼇鼈　庵菴　暗闇晻

鞍鞌　移迻　鸦鴉　丫枒椏　野埜壄　耀燿曜　咬齩

夭殀　药藥　游遊①　雁鴈　驗騐　烟堙菸　胭臙

咽嚥　檐簷　岩巖嵒　焰燄　艷豔　宴讌　殷慇

饮歙　淫婬　吟唫　姻婣　映暎　污汙　塢隖　蛙鼃

袜襪韈韤　挽輓　浣澣　玩翫　碗盌椀　吻脗　蚊螡蟁

瓮甕罋　于於　欲慾　逾踰　愈瘉癒　岳嶽　猿猨蝯

韵韻　用佣　咏詠　雍雝

上面所举的这些异体字，在从前的时候，多数是完全通用的，例如“霸覇”“鉢钵”“杯盃”“逼偪”“秘祕”等等；但也有一些不是完全通用的，例如“匹”“疋”虽说通用，那只是说“布一疋”可以写成“布一匹”，并不是说“马一匹”也可以写成“马一疋”。“水果”的“果”有人写作“菓”，“果然”的“果”并没有写作“菓”；“席子”有人写作“蓆子”，“主席”并没有人写作“主蓆”。“鲜”字当“少”字讲的时候，有人写作“尠”或“尟”，当“新鲜”讲的时候，有人写作“鱻”，并不是“尠”“尟”和“鱻”也能通用。其余由此类推。

在文字改革的初期，还不能希望完全消灭异体字。但是咱们只要从这一方面努力做去，将来一定可以达到目的。首先是报纸杂志在基本上消灭异体字，其次在教小学生的时候，不再教异体字。这样，将来一般人不再认识异体字，也就不再写它们了。

---

①编者注：教育本作“燕鷰”。

正如将来有少数人研究繁体字（如"聽""體""觀""關"）一样，将来也要有少数人研究异体字；因为咱们不可能把所有的古书都重新印刷一次，更不应该把古代的善本书都烧毁了。但是，为了一般人民大众的利益，简化汉字和废除异体字的政策是完全正确的。

三、合流字

汉字自古就有同音代替的办法，例如"闢"字在上古写作"辟"（《诗经》说"日辟国百里"）。这种同音代替的办法是值得推广的，因为这样做有两个好处：第一，可以减少汉字的总数。例如"闢"字可以从一般字典里删去；汉字总数减少了，就可以减轻人民学习上的负担。第二，可以为将来汉字拼音化作准备。有人怀疑汉字的同音字太多了，拼音化有困难，不知道有上下文的帮助，许多同音字都有它们的特定意义。例如咱们写"开辟"两个字连在一起，这个"辟"字也就一定是"闢"的意思。将来的拼音文字，在原则上，同音字就用同一写法。现在咱们先培养同音代替的习惯，对将来拼音文字的推行是有好处的。

首先，古时同音代替的字，应该让它们合流起来，这就是说，应该让代替者永远代替下去，把被代替的字废除。在下面所举的每一组同音代替的字当中，第一字是被择定了作为正字的字（因为它的笔划比较简单，咱们选择了它，就等于简化），第二字是被废除了的字：

辟闢　凭憑　丰豐　范範　涂塗　了瞭　后後　胡鬍

累纍　借藉　尽儘　秋鞦　千韆　向嚮　象像　准準

个個　舍捨　云雲　别彆　卷捲　表錶　才纔　家傢

踊踴

其次，近代和现代通用已久的同音字（有些在北方同音，有些在南方同音），也应该让它们合流起来。在下面所举的每一组同音代替的字当中，应该根据群众习惯，把第一字认为正字，把第二字废除了：

板（老板）闆　苹蘋（蘋果）　面麫　里裏　谷穀　划劃

价價　　姜薑　纤縴　曲麯　只衹　只隻　台臺　出齣

刮颳　笔筆

其次，在不妨碍了解的条件下，还应该更广泛地利用同音代替法。中国文字改革委员会已经采取了这样一个步骤，审定并创造了例如下面的一些同音代替的合流字（有些在全国同音，有些在北方同音，有些在南方同音）。在每一组同音字当中，第二字被废除了：

郁鬱　仆僕　霉黴　蒙矇　蒙濛　弥瀰　蔑衊　发（發）髮

斗鬥　当噹　迭疊　淀澱　冬鼕　台颱　台枱　坛（壇）罎

娄喽　历（歷）曆　干乾　克尅　困睏　合閣　回廻

签籤　系係　咸鹹　旋镟　致緻　制製　折摺　征徵

症癥　筑築　丑醜　冲衝　沈瀋　术術　粲燦　松鬆

恶噁　苏囌　仪彝　洼窪　余餘　御禦　吁籲

合流字是经过一番考虑的。主要有下面的两种情况：第一种情况是两字的意义本来就有密切的联系。如"蒙"和"矇"、

"霉"和"黴"、"系"和"係"、"冲"和"衝"、"签"和"籤";第二种情况是第一字的原来意义在现代汉语里已经用不着了。如:蔑(没有)、迭(屡次)、咸(都)、筑(古乐器)、丑(地支名)、粲(精米)、余(我)、御(驾驶车马)、吁(叹)、郁(有文采),等。"术"也算这一类,因为除了中药的"苍术""白术",就用不着这"术"字的原来意义了。这样审定或创造合流字,是不会损害文字的明确性的。

这种合流字是汉字简化的重要手段之一,因为所谓简化,不但要精简汉字的笔划,而且要精简汉字的数量。合流字既精简了汉字的笔划,又精简了汉字的数量,所以这个办法是好的。至于可能有个别字精简得不妥当,那还是可以从实践中纠正过来的。

四、分化字

一个字不一定只有一个意义。当一个字有了两个意义的时候,用起来是不很方便的;群众要求分别,索性在字形上分成两个字。这分出来的字大多数当然也被文字学家们认为是俗字;但这些俗字因为受到群众的拥护,终于取得了合法的地位。下面试举出一些例子:

【著—着】本来只有"著"字,后来分化为"著""着"。"著"是"著名""著作"的"著","着"是"着落""沉着"的"着"。虚字的"着"也写作"着"。

王先生恰巧摇着扇子走过来。

【沈—沉】本来只有"沈"字表示沉没，后来"沈"字专用于姓沈（现在兼用于"沈阳"），分化出一个"沉"字来表示本来的意义。

　　　　被鱼雷击中的那一艘敌巡洋舰终于在五日九点十分钟沉下海底了。

【分—份】"份"是从"分"分化出来的；"份"念去声，"分"念平声。但是这种分化还不十分清楚。现在"部分"的"分"和"分量"的"分"，一般都还写作"分"，可见"分"字也念去声。但是"三份客饭""一份报纸"的"份"，就只写作"份"。

【火—伙】从前"伙伴"只写作"火伴"，没有"伙"字。后来为了分别，群众创造"伙"字。"伙食"的"伙"，也写作"伙"。

【那—哪】本来"哪"字只表示语气（又旧小说中有"哪吒"，是人名），和"那"字没有关系。表示疑问的"哪"，在旧小说里都只写作"那"。后来群众借用"哪"字作为"那"的分化字，表示疑问。

　　　　卖？今年谁还缺这个？向哪里卖去？

【罢—吧】本来"来吧""去吧"的"吧"在旧小说里都写作"罢"。后来为了要同"罢休"的"罢"区别开来，"来吧""去吧"的"吧"才写成了"吧"。

　　　　快去把他请来吧！

【磨菇—蘑菇】

你说的是蘑菇吗？

【利害—厉害】"利害"是本字，现在所谓"厉害"，在旧小说里都写成"利害"。"厉害"是后来分化出来的，因为这样可以同"利害相权"的"利害"区别开来。

合纵派跟连横派斗争得非常厉害。

【计画—计划】"计划"本来写作"计画"（孙中山的实业计画），后来为了同"图画"的"画"区别开来，所以写成了"劃"（现在简化为"划"）。

争取在今年十一月内完成全年的生产计划。

【一画——一划】"笔划"本来写作"笔画"，也是由于同"图画"的"画"区别开来，所以有的又写成"划"字。

一只大手狠狠地捉着钢笔脖子，左一划，右一划。

"云"字表示"云雨"的"云"，后来"云"被借用为"云谓"的"云"，于是人们另造一个雨头的"雲"和"云谓"的"云"区别开来。

由此类推，"闢"是由"辟"分化出来的，"捨"是由"舍"分化出来的，"捲"是由"卷"分化出来的，"傢"是由"家"分化出来的，只不过分化的时代不同罢了。现在文字改革，为了精简汉字的数量和笔划，又让它们重新合流起来。

群众是喜欢简笔字的；但是，为了要求分别，又宁愿加口、加手、加足、加人、加草、加木，把笔划增繁。现在咱们做汉字简化的工作，就要看具体情况，分别处理。分化字确实适合人民需要的，即使多写几笔，仍旧应该保存下来。例如上面所举的"哪"字的口旁、"伙"字的人旁、"份"字的人旁、"蘑"字的草头，都是不能简化的。但是，另有一些可以不必分别的字，就应该让它们合流起来的好。下面试举出一些例子：

念。本来已经有许多人把"念书"的"念"写成"唸"，让它和"想念"的"念"区别开来。现在"唸"字被当作异体字来废除了。

尝。本来有些人把辨别滋味的"尝"写成"嚐"，让它和曾经的"尝"区别开来，现在也被当作异体字来废除了。

背。本来有人把动词的"背"（平声）写作"揹"，以区别于名词的"背"（去声）。现在废除了"揹"。

扇。有人把动词的"扇"（平声）写作"搧"，以区别于名词的"扇"（去声）。由"揹"字类推，"搧"字也该在废除之列。

登。有人把"登三轮儿"的"登"写作"蹬"。字典也收了这个字，但这种分别没有必要。

种子。有人把"种子"写成"种籽"。这种分别没有必要。

整个汉字的历史就是简化和繁化的矛盾的历史。人们为了写字的便利,所以要求简化;同音代替,在某种情况下,也是为了简化(如以"台"代"臺")。但是,人们为了认字的便利(为了使别人更容易看懂),却又要求分化。固然,分化不一定就是繁化,从上面所举的例子看来,"着"和"著"、"沉"和"沈"都是同样的笔划,"吧"比"罢"、"划"比"画"还减少了几笔;但是,汉字的分化,基本上是朝着繁化的方向走去的。"云"和"雲"、"辟"和"闢"、"舍"和"捨"、"卷"和"捲",一直到"念"和"唸"、"尝"和"嚐"、"背"和"揹"、"扇"和"搧"、"登"和"蹬"、"子"和"籽"。这许许多多的例子,都说明了繁化的道理。这因为汉字的构成有一个重要的原则,就是所谓形声字。所谓形声字,是把一个汉字分为两部分:一部分是意义偏旁(所谓形符),另一部分是声音偏旁。汉字当中,有百分之九十以上是这种形声字。这一个造字原则深入人心,群众利用这个原则来分化字形,那是很自然的事。今后这一类的分化字还不能在笔下完全绝迹,甚至还有新的分化字产生出来。为了维护正字法,凡是已经废除了的异体字(包括废除了的分化字在内)不应该认为正字,也就是说,不应该再在书籍、报纸、杂志上出现。至于汉字简化和繁化的矛盾的根本解决,有待于文字的根本改革。所谓根本改革,就是走上拼音的道路。

五、译名

大多数的译名只是译出一个声音来。汉字的同音字很多,译的人不止一个,所以译名很难统一。汉语方言复杂,音译更不容易一致。但是,已经通行了的译名,不应该另造一个来代替它。例如"斯大林",本来有人译作"史太林""史达林"等,现在已经统一了。

【布尔什维克—布尔塞维克】

> 同志们,我们布尔什维克号召的工农革命已经实现了。

过去有人译过"布尔塞维克",现在已经一致用"布尔什维克"了。

【卢梭—卢骚】

> 圈点得最密的是华盛顿、彼得大帝、惠灵吞、卢梭、孟德斯鸠和林肯这些人的传记。

最初有人译作"卢骚",现在一般都译作"卢梭"了。

有些译名是因为译得和原音比较接近而获得更多群众的拥护。例如"卢梭"的读音就比"卢骚"更像法文的原音。法国文学家"雨果"最初被译成"嚣俄",后者因为声音太不像,所以被前者代替了。俄国文学家"契诃夫"也曾一度被译成"柴霍甫",但是江浙人读起来,"柴"字太不像原音了,所以终于变成了"契诃夫"。

六、别字

所谓别字,是本该写这个字,却写成另一个字去了("别"就是"另"的意思)。学生笔下的别字很多,这里不能一一细说。现在只举出几个例子。

【成绩—成积】

等我们干出成绩来,还可以上北京去见毛主席呢。

"成绩"的"绩"是"功绩"的"绩","成绩"的本来意思就是"成功"。有些人误会是"积累"起来的"积"。

【向导—响导】

你们是不是亲自找向导调查了?

"向导"的"向"应该是"方向"的"向",不应该是"声响"的"响"。

【戍—戌】

克里姆林的卫戍司令官说:"列宁同志也参加今天的义务劳动。"

"戍"是戍守,"戌"是干支名(例如"戊戌政变"是发生于戊戌年,即 1898 年)。

【氾—泛】

据说那时候黄河氾滥。

"氾"是"氾滥"；"汜"音"似"，水名。

此外，还有一种分化字，因为造得不好，应该只认为别字（别字是必须纠正的）。最典型的例子是"包子"写作"饱子"、"面包"写作"面饱"。

下了种就会有面包了吧？

注意：这里并没有写作"面饱"。

包子因为有馅儿包在里面，所以叫做"包子"。"面包"大约是由"包子"的意思转变过来的，写成"饱"字，不但不合理，而且不合分化字的原则，因为它和"饥饱"的"饱"混起来了。

别字往往是同音字。但是，汉语的方言复杂，甲地同音，乙地未必同音。因此教师应该注意学生的方言，好纠正他们的别字。

北方的别字，例如：

【艰苦—坚苦】

"艰苦"和"坚苦"都有意义，前者是艰难困苦的意思，后者是坚强耐苦的意思。

【绝对—决对】

"绝对"是没有相对的，所以叫做"绝"。"决对"不成话。

【驱使—趋使】

"驱使"是驱马一样地迫使别人做事，"趋使"不成话。

吴语的别字。例如：

【过问—顾问】

"过问"有干涉的意味,"顾问"有咨询的意味。

【固然—果然】

"固然"有"虽然如此"的意思,"果然"有"不出所料"的意思。

【声明—申明】

"声明"是把话说清楚,正式告诉大家,以表示自己的态度的意思。吴语"声""申"同音,许多人误写成"申明"("申明"是郑重说明的意思)。

粤语的别字。例如:

【少数—小数】

"少数"是"多数"的反面;"小数"是数学名词,定点以下叫做"小数"。广州一带的人"少""小"同音,许多人误把"少数"写成"小数"。

【澈底—切底】

广州一带的人"澈""切"同音,有人误把"澈底"写成"切底"。

客家话的别字。例如:

【太阳—大阳】

客家话"太""大"同音,往往有人误把"太"字写成"大"字。

七、错字

别字是误用了另一个字;错字不是另一个字,而是笔划写错了,不成字。例如:

【模糊—糢糊】

神志有点模糊不清。

"模"受"糊"的同化,有时误写成"糢"。"糢"字在解放前相当流行过,排字房里有它的铅字,解放后才纠正过来了。

其他像"锻冶"的"锻",右边不能像"假"字;"警惕"的"惕",右边不能像"扬"字。常常有人犯这一类的错误,这里不细说了。

此外,还有地方性的错字。例如"蛋"字,广东人写作"萱";"诞"字,广东人写作"诞"。如果一个广东人看见另一个广东人写作"蛋""诞",反倒说他写错了。为了保持全国文字的统一性,这种情形是应该纠正的。

八、意义各别

有时候,两种写法都有意义,只是用途不同。上面所举的"艰苦"和"坚苦"、"过问"和"顾问"、"固然"和"果然"、"少数"和"小数",都是这一类。现在再举两个例子:

【包涵—包含】

算误会了,包涵一点吧。

贴近地面的空气因为温度增高,可能包含了更多的蒸气。

"包涵"是原谅的意思,本来的意思是像海一般的度量,所以用"涵"字;"包含"是里面包括着某种成分的意思。该用"包含"的地方,用"包涵"还可以;该用"包涵"的地方,用"包含"就不行了。

【一般——一班——一斑】

这也许特殊了一点,一般人不容易理解。
每一排每一班都紧张起来。

"一般"是"普通"的意思(和"特殊"是相对待的),又是"一样"的意思。"一班"是单位名词。"一斑"出于"管中窥豹,时见一斑"的典故,普通说"以见一斑"是让人知道一点儿情况的意思;有时候表示很不够全面,有时候表示由此可以推知一切。

讲究字形,必须注意文字的社会性。咱们应该根据文字的社会性去判断一个字是否正确。全社会通用的字,决不可能是不正确的字。反过来说,全社会已经不用的字,决不可能再是正确的字。因此,单纯地根据《说文》一类的字书去判断一个字形的正确性,是完全脱离实际的不科学的文字学。另一方面,咱们也不应该采取自由主义;咱们纠正别字和错字,维持文字的一致性,也正是维持文字的社会性。根据这一个原则,咱们对于合理的分化字(如"沉"字、"着"字)是接受的;对于不合理的分别字(如"面饱")是排斥的。最后,我对于援引古书替别字辩护,是不同意的。例如"太""大"两字不能通用,是现代社会的事实;假使有人把"太阳"写作"大阳",就应该认为别字,绝对不应该援引古书中"大上(太上)、大一(太一)、大子(太子)、大和(太和)、大室(太室)、大宰(太宰)、大师(太师)、大庙(太庙)、大学(太学)"等例,以为"太"字和"大"字到现代还是可以通用的。从前有些人有这种不正确的看法,咱们应该纠正过来才对。

第二节 字音

上文说过,汉语的方言是很复杂的。语文课本所选的,大多数是合于或近于北京话的语体文,最好能依照北京音去读它。但是,照现在全国的具体情况看来,各地的学校还不很够得上这一个条件。我认为在特殊情况之下可以容许用方音来读。用方音来读的时候,只须依照直音(例如"打中"的"中"音众),不必依照注音符号来读(例如上海人可以把"打中"的"中"字读成zùng,不一定要读成 zhùng)。

一、一字数音

一个字可能有两个以上的读音。读音的不同,是由于意义的不同。这一类字,有许多是全国一致的。例如"中间"的"中"音钟,"打中"的"中"音众;但也有些是带地方性的。例如在北京话里,"沉着"的"着"念 zhuó,"找着"的"着"念 zháo,"着凉"的"着"念 zhāo(招),"等着他开会"的"着"念 zhe(轻声)。全国一致的分别,必须严格遵守;地方性的分别,就要看用什么语音去念了。假如用北京音来念课文,对于各种不同性质的"着"字,自然应该念出不同的语音来。假如用四川音来念,"着"字就只有一个音,用不着分别了。

（一）普通的例子

【为】 音围（wéi），做。

列宁当选为第一届人民委员会主席。

【为】 音位（wèi），因为，为了。

为什么只提三门（功课）？
就是为了你们的幸福。
燃烧着为祖国为人民尽忠的热情。
因为列宁把我要告诉他的话全说了。

近来有些人把“因为”念得像“因围”，那是错的。

【好】 上声（hǎo），良好。

还没有很好的建立起来。

【好】 去声，音耗（hào），喜欢。

爱好劳动。

近来有些人把爱好的“好”念得像良好的“好”，那是错的。

【中】 音钟（zhōng），中间。

内中有个年老的。

可是光中看，怕结不了多少葡萄。

【中】 音众（zhòng），打中。

几乎射中了膝盖。

命中了敌舰。

有一天她中了暑。

又中了连横派的诡计。

他的意见常常是很正确的，很中肯的。

【种】 音肿（zhǒng），种子，种类。

她在留作种子的南瓜上都刻了些十字。

【种】 音众（zhòng），栽种。

你为什么种那么多？

【分】 阴平，音纷（fēn），分开。

就利用"黑白分居"的法律来阻挠。

【分】 去声,音份(fèn),天分,名分。

乌里亚诺夫天分很高。

【看】 去声(kàn),观看。

除了浪花,什么也看不见。

【看】 阴平,音刊(kān),看守。

今年不用看了,大家都有了。

【担】 阴平,音耽(dān),挑在肩上。

你要吃就打发孩子们去担一些。

【担】 去声(dàn),担子。

放下铁锹就是担子。

【当】 阴平(dāng),当家,当时,应当。

一切都恢复了当年的旧观。

【当】 去声（dàng），适当，当做，典当。

把他当做好朋友。
用最后的一点儿产业去押，去当。

近来有人把适当的"当"念阴平，那是不对的。
【合】 音盒（hé），分的反面。

都跟尼古拉第二的面貌暗暗相合。

【合】 音葛（gě），一升的十分之一。

我抖种一亩也不能差几合。

【长】 音场（cháng），短的反面。

是一种长期自然变化的结果。

【长】 音掌（zhǎng），成长，首长。

怎么长的啊？

李计声是老班长了。

【呢】　阳平,音尼(ní),呢绒。

穿个白花格子呢的衣服。

【呢】　念轻声(ne),虚字。

怎么冲得出去呢?

一字两音,有些是由于词性上的分别。例如"种"字用为名词的时候(种子),念上声;用为动词的时候(最初的意义是把种子埋在地下),念去声。"好"字用为形容词的时候(好坏),念上声;用为动词的时候(好动不好静,好高骛远),念去声。又如"担"字用为动词的时候(挑在肩上)念阴平;用为名词的时候(挑在肩上的东西)念去声。这可以说明为什么意义虽然不同,字形仍旧相同,原来这个意义和那个意义是有密切关系的。有些字读成两种声音,不是由于词性不同,而是由于意义有区别(例如观看的"看"和看守的"看"),意义上虽有区别,但仍然是有关系的。不过也有少数的例外,例如呢绒的"呢"和用作虚字的"呢",它们在意义上就毫无关系。

(二)北京音的例子

上面举的是些普通的例子,不过它们在北京话里也是一字两音的。除此之外，还有一些北京话所特有（或北方话所特有）的读音上的分别。我们把它们叙述出来，给那些用北京音读书的人作为参考。

【着】　阳平（zhuó），着手，沉着。

李完根舰长更沉着地指挥。

【着】　阴平，音招（zhāo），着凉。（不举例）
【着】　阳平（zháo），着火，点着，找着，够不着，用不着。

准会着火。
有几个红灯也点着了。
也用不着花钱办酒席了。

【着】　轻声（zhe），虚字。

人民委员都等着他去开会呢。
正好邮局里还点着灯。

注意："灯点着了"和"点着灯"，"着"字读音不同。

【了】　上声，音瞭（liǎo），了解，了事，忘不了，不得了。

她一辈子也忘不了。

吃不了不能卖。

这工作我们五个也干得了。

【了】 轻声(le)，虚字，表示动作的完成。

他们透了一口气。

他们坐了火车。

【了】 轻声(la)，虚字，表示肯定。在这种用途上，也可以写作"啦"。"啦"是"了啊"的合音，"了"字只有在句尾的时候才有念"啦"的可能。

不再上去当伪军了。

【得】 阳平，音德(dé)，获得，到手。

能立刻得到救治。

【得】 上声(děi)，必须。

还得跟体力劳动结合起来。

【得】 轻声(de)，虚字。

拿草盖得严严的。

【还】 音环(huán),归还。

把这本书还给那个同学。

【还】 音孩(hái),尚。

还说出自己对于这本书的意见。

【哪】 上声(nǎ),疑问词。

从哪儿入海。

【哪】 轻声(na),语气词。

到嘴的粮食全冲完哪!

【都】 音督(dū),首都,国都。(不举例)
【都】 音兜(dōu),皆。

咱们都希望成为健康的人。

【缝】　阳平，音逢(féng)，裁缝，缝纫。（不举例）

【缝】　去声，音凤(fèng)，罅隙。

我就在冰缝里看见一只海狗。

【的】　音帝(dì)，目的。（不举例）

【的】　音笛(dí)，的确。

它的力量的确谁都比不上。

【的】　轻声(de)，虚字。

它的力量的确谁都比不上。

那时候的水井差不多全是这样儿的。

【地】　去声(dì)，天地。（不举例）

【地】　轻声(de)，虚字。

人和马都畅快地喝起水来。

【给】　(gěi)，拿东西给人家。

你给我个小南瓜吧。

【给】 上声(jǐ),供给。(不举例)

近来有许多人把供给的"给"也念 gěi,那是错的。

【待】 去声,音代(dài),等待。

就像等待和欢迎我们自己的儿子。

【待】 阴平,音呆(dāi),停留在一个地方。

待了好久……待了半天。

【露】 音路(lù),雨露。(不举例)

【露】 音漏(lòu),露出来。

小孩儿一下说露了。

【折】 音哲(zhé),挫折,曲折。

劈头就碰到挫折。

【折】 音舌(shé),断了。

也摔折了腿。

主干一折,上面的枝条就长不好了。

【闷】　去声(mèn),烦闷。(不举例)

【闷】　阴平(mēn),闷热。

　　夏天雷雨的原因大多是闷热。

【咳】　(ké),咳嗽。(不举例)

【咳】　(hāi),喊声。

　　咳哟咳呀。

　　北京话一字两读,大多数也是由于词性的不同。例如"都"字用为名词念 dū,用为副词念 dōu;"得"字用为动词念 dé,用为助动词念 děi;"还"字用为动词念 huán,用为副词念 hái,等等。但也有两个意义偶然同形的,例如疑问代词的"哪"和语气词的"哪"、"咳嗽"的"咳"和"咳哟"的"咳",它们在意义上是没有关系的。

二、误读的问题

(一)一般的误读

学生误读的字很多;应该随时注意。现在只举三个例子:

【械】　该念"懈"(xiè),误念"戒"(jiè)。

　　毛主席视察了锻冶、机械、修理、机车四个分厂。

【冀】 该念"寄"(jì)，误念"异"(yì)。

　　　我也上冀县学学去。

【穗】 该念"岁"(suì)，误念"惠"(huì)。

　　　南风吹摆着多半扠门的穗头。

（二）方音的误读

　　每一个方言区域都有习惯上误读的字。例如苏州人把"鹤"念得像"鄂"，别处的人听了会觉得奇怪。在用方音读课本的时候，习惯上的误读还不一定要纠正；如果改用北京音来读，就有纠正的必要了。这里只举一些粤语区域误读的字为例。

【迫】 该念"魄"，误念"逼"。

　　　得到的是法西斯暴徒的迫害和袭击。

【纠】 该念"鸠"(jiū)，误念"斗"（因为"纠"字俗写作"纠"，广东人就依偏旁读了）。

　　　我们一定要纠正这些缺点。

【甩】 该念 shuǎi，误念［lat］（广东人把"脱"的意义说成

[lat],写成"甩")。

　　　　说完也把棉衣一甩。

【剥(削)】　该念"拨",误念"莫"(声调和"莫"有点分别)。

　　　　一层又一层的剥削。

　　(三)不算误读的字
　　北京话里有些字音并不符合从古音演变为今音的规律,而有些方言中的读音却是符合语音演变规律的,所以那些字在方言中的读音不应该认为误读。例如:
　　【况】　北京读"矿"。本该读"荒"去声(现在广东还是这个读法)。(不举例)
　　【铅】　北京读"牵"。本该读"沿"(现在西南及广东还是这个读法)。(不举例)
　　【贞、侦】　北京读"珍"。本该读"征"(现在广东还是这个读法)。

　　　　和善的侦察兵热心地照顾凡尼亚。

　　【劲】　北京读"近"。本该读"镜"(现在广东读如"竞")。

心里怪不得劲。

如果读成普通话，自然要照北京的读音。如果用方言来读，就要依照方音。因此，广州人读"况"如"荒"的去声，西南人读"铅"如"沿"，从他们的方音系统看来，完全是对的。

（四）误读的倾向

现在北京人对于某些字有了误读的倾向。例如：

【虽】 该念"绥"（suī），阴平；有人念"随"（suí），阳平。

【侵】 该念 qīn，阴平；有人念 qǐn，上声，尤其是在"侵略"里。

【波】 该念"玻"（bō），有人念"坡"（pō）。

【蝙】 该念 biān，有人念 biǎn。

这一类字和（三）类的字稍有不同。（三）类是北京人全都那样念了；这（四）类并非北京人全都这样念。如果能及时纠正，使它们和其他方言的读音系统能够一致，也是好的。

第三节　字义

中国方言复杂，主要是由于语音和语汇的不同，特别是由于语汇的不同。各地语汇既然不相同，说出来或写下来的字虽然也是那些字，意思可不完全一样。甲地的人听乙地的人说话，有时候已经听懂他说的是些什么字了，还不能完全了解他的意思，这就因为字义不相同的缘故。为了彻底了解语文，咱们就应该研究语汇,尤其是应该研究北京的语汇。因为语文课本里的文章是用普通话写的,所谓普通话是以北方话为基础,特别是以北京话为基础的。这里我们谈一谈北京的语汇(一般北方话和北京话相同的地方,也算是北京的语汇),附带地提及一些方言的语汇。

一、北京的语汇

(一)一些最常用的字

【地】 除了天地的意思之外,还有"田"的意思。

> 地里南瓜豆荚常常有人偷。
> 头年地干,糟花难拿苗。
> 八路军给咱们老百姓种地。

北京人说到路程的远近的时候,把"几里路"说成"几里地"。

> 先在离村一二里地来一个大包围圈。

【道】 除了"道理"的意思之外,还有"路"的意思。"道"字自古就有了这"路"的意思了,但是到了现代许多地方的口语里,"路"字已经替代了它。在北方,它仍旧是在口语里活着的。

万一敌人进来，也分不清哪是死道，哪是活道。

【屋子—房子】 "屋子"指的是一个房间，"房子"指的是一所住宅。这种习惯，和南方几乎恰恰相反，广东人把住宅叫做"屋"，把房间叫做"房"。因此，必须注意。

　　且找了店家问道："有屋子没有？"

等于说"有房间没有"？

　　冰块子有间把屋子大。
　　在那里，房子坏，房租贵。
　　管理这些水路标的人就住在河边的小房子里。

一所房子里面可能有许多屋子，也可能只有一个屋子。

此外，抽象地讲住处，不管是一间屋还是一所宅子，通常用"房"，如"住房给房钱，吃饭给饭钱"。

【窗户】 在北京话里不是指窗和户，只指的是"窗"（不叫做"窗子"）。这里的"户"字念轻声。

　　向河的一面开着宽大的窗户。
　　丹娘站在窗户跟前的床上。

【媳妇】 实际上说成"媳妇儿"。"儿媳妇"（"儿"字重读）和"媳妇儿"（"儿"字轻读）不同；"儿媳妇"是儿子的妻，等于文言里的"媳"；"媳妇儿"就是妻，江浙一带叫做"家小"，许多地方都叫做"老婆"（北方说的"老婆"——"婆"重读，下面加"子"或"儿"——却又等于说"老太婆"，是年老的女人的意思）。

老品粗声粗气地冲着他媳妇说。
他媳妇上前拉住粪筐。

【嫂子】 就是嫂。北京话只说"嫂子"，不说"嫂嫂"。

嫂子，你给我个小南瓜吧！

【脸】 就是面。但只限于"头面"的意义；至于"方面""场面""由点到面"等，仍是面，不是脸。江浙人把"头面"的"面"说成"面孔"；有些江浙人写文章的时候，由于类推的错误，写成"脸孔"，其实北京只说"脸"，不说"脸孔"。说"脸孔"是不对的。

他的脸很瘦，很憔悴。

【劲】 含有"力量""精神"等意思。北京话有好些字眼里包含这个字，这些字眼有时候在方言里很难找一个恰当的字眼去翻译它。"劲"实际上说成"劲儿"，但"儿"字常常不写出。

【泄劲】 （又说"泄气"）起劲的反面。

　　　　别泄劲,加油干。

【差劲】 不够起劲,落后。

　　　　二班今天可有点差劲了。

【死劲】 起劲到了极点。

　　　　开头不让大家卖死劲干。

【对劲儿】 西南普通话说成"对头",就是"对"的意思。

　　　　大家都认为班长说得对劲儿。

【来劲儿】 就是由差劲变为起劲的意思。

　　　　闷着头干容易疲劳,谈谈笑笑就会来劲儿。

【穷劲儿】 就是穷苦的样子。

　　　　看见董老头儿的那股穷劲儿。

【活（儿）】　就是工作（一般指生产工作）。"干活儿"就是"做工作"。从前"生计"叫做"活计"，"活"字是由此来的。

　　还是低着头干他的活儿。
　　干种种杂活儿。
　　谁都巴不得自己能把活儿干得特别好。
　　在庄稼活上头，有什么不通的事，谁不去问他？

【个子】　指人的身材高矮。个子大，就是长得高；个子小，就是长得矮。

　　他年轻，个子大，干活儿顶呱呱。

【乐】　就是高兴，往往兼指笑。

　　心里可乐坏啦！
　　老头老婆们在后边张着大嘴，乐得直拍掌。

【瞧】　就是看，往往指仔细的看。"瞧着吧"等于说"等着瞧吧"，也就是"将来你看吧"。

　　瞧着吧，等我们干出成绩来，还可以上北京去看毛主席呢。

【搁】 是"安放"的意思。一般也可以说成"放"。

　　　　这家伙搁在解放军手里。

　　　　他慢慢地把它吹旺,搁在地上。

　　　　不搁盐,我们就把它吃了。

【管……叫做】 也说"管……叫",等于一般说的"叫……做"。

　　　　大家就管这些地方叫做"火车头坟地"。

等于说"叫这些地方做火车头坟地"。

【行】 表示赞许。西南普通话说成"要得"。

　　　　这姑娘真行!

【准】 是一定的意思。

　　　　准会着火。

　　　　你怎么不哭?准是不疼吧?

　　　　父亲准赶不回来点灯了。

【管保(准保)】 "管保"是"包管"的意思,也可以说成"准保"。它们和"准"字不同的地方，是可以放在"你"或"他"等字的前面。

要是风风雨雨地突击一阵，管保你干不到两天就要垮下来。

你要是住在我们村里，管保出不了这号事。

修理修理，准保能用。

【老】 表示时间长久。

后来觉得老停在外边还不大放心。

【就】 是"只"的意思。

她不是怕二虎子被鬼子抓去……她就是怕老王被鬼子抓去。

我活了一辈子啦，就没听说过机器能种地。

大家都说歌很好，就是里面拐弯太多。

好容易才从那条水道出来，就是这腿上中了一枪。

【全（全都）】 "全"是"都"的意思（若解作"完全"，不算恰当）。有时说成"全都"。

你们全知道，中国约有五万万人民。

不等于说"完全知道"，只等于说"都知道"或"人人都知道"。

列宁把我要告诉他的话全说了。
仓库里藏着的东西不一定全是新的。
钻煤，锄煤，铲煤，装煤，全有适当的机器。
把留下的枝条全都拉进去。

【净】 表示除此之外没有别的。

你这小子净想好事。
我们村里净是穿黑衣裳的。
人家冀县农场里净女的。

【打】 就是"由"或"从"。

有个老头儿打这儿过。
打根上起就分枝。
打这以后，老品就加入了拖拉机练习组。

【往】 就是"向"或"朝着"。

反动派由丰台往城里头逃。

老王的手往腰里摸。

所以他再往西走。

一拐一拐地往回走。

"往回走"等于说"朝着回去的方向走"。

【……的话】 放在句尾,表示假定。

人民政府不来领导的话,哪儿能有现在这样的日子?

【要不、不的话】 等于说"否则"。

妈,你给我脖子上围条手巾吧,要不风吹进去可冷啊。

灶门边别堆柴火,得搬开。不的话,小心着,准会着火。

"不的话"在这里等于说"如果不搬开的话"。

此外,常用的字还有"能""得""让""自个儿"等,等到以后还要特别提出来讨论的。

(二)其他

其他还有许多字眼是北京话和一般北方话所特有的。现在简单地再举一些例子。

【街坊】 邻居,邻人。

疑心是个街坊偷的。

【星星】 星。

一颗星星也看不见。

【水泥】 水门汀（江浙），士敏土（广州）。

支撑的柱子全是钢骨水泥的。

【烟卷】 香烟。实际上说成"烟卷儿"。

场长拿起烟卷，就往老品手里塞。

【话匣子】 留声机。

他首先拉开了话匣子。

这里的"拉开了话匣子"是譬喻。

【脑袋】 头。

脑袋胀得像楼斗。

【脖子】 颈。

艾戈尔卡扯着脖子叫喊。

【翅膀】 翼（华南人注意）。

振动翅膀，向网上一撞。

【娘们家】 女性。

我要不是娘们家，我非得学学不可。

【晌午】 中午。

晌午了，刘连长他们拿出自己带来的干粮吃。

【本】 簿子。

拿你的生字本来给我看。

【回事】 一件事。

这是怎么回事啊！

原来这么回事。

"回事"是"一回事"的省略,常常放在"这么""那么"或"怎么"的
后面。

【一辈子】 一生(华南人注意)。

她一辈子也忘不了。

【稠】 稀的反面。

不吃稠的喝口汤。

【严】 紧(关得紧)。

拿草盖得严严的。

【累】 疲劳。

满身是水,又累又饿。

【不赖】 颇好。

我这烟不赖。

【顶事、抵事、管事】 中用。

这药可顶事呢。

雇着看庄稼的也不抵事。

【有两下子】 还算有本事。

不赖，二黑有两下子。

【短】 缺少。

我们修车缺材料，短机器。

【扔】 一般说的"丢"（抛弃）。

那些反动派就扔下了车，逃走了。

【丢】 失去。

有个人丢了一把斧子。

【待】 （音獃，亦写作"呆"）住，停留。

待了半天才说。

【别】 忍。

老品实在别不住了。

【摔】 跌。

小彼得去溜冰,把腿摔折了。

【捎】 带(顺便给别人带东西)。

把大哥的好东西给我们捎回来了。

【扛】 掮(江浙、华南人注意)。

还有扛着大红旗的队伍。

这里的"扛"音 kʻaŋ。另音 gaŋ,是"抬"的意思。

【抬】 两人以上共扛(华南人注意)。

一根橡树木头得六个人用杠子抬。

【抬杠】 争论。

年轻的小伙子们就跟他抬起杠来。

【甩】 挥,抛。

说完也把棉衣一甩。

【揍】 打。带有惩罚和轻蔑的意味。如"他打了你,回头我揍他"!

把这个狗爪子揍得可真痛快!

【打发】 派。

你要吃就打发孩子们去担一些。

【拾掇】 料理,整理。

叫他帮自己拾掇葡萄。

【对付、凑合】 将就。

你不管好歹，对付一间吧。

【惦记】　挂念。

我还惦记着那个脊梁弯得像弓一样的人。

【嚷】　叫（高声的）。

高声嚷。

【愣】　因惊讶而发呆。

连教师都愣住了。

【赶会、赶集】　就是广东人的"趁墟"、云南人的"赶街子"。

比赶会还热闹呢。

【解手】　小便或大便（小解、大解）。

一个战士……去解手儿。

【加油】　更加努力。

大家都自动加起油来。

【冲着】 向,对。

冲着他媳妇说。

【光】 只,仅。

光叫我吃你的。

【直】 不停地。

冻得浑身直发抖。

【挺】 很,非常。

谁知道他们都挺愿意。
他是挺聪明,挺规矩的。

【……点儿】 些。

走! 快点儿!

二、方言的语汇

写文章的人不全是会说北京话的,因此文章里偶然夹杂着一些方言的语汇是可能的。再说,为了叙事生动,作家有时还有意地运用一些方言,尤其是华北的方言。

（一）华北方言

这是指北京以外的华北方言。

【啥】 是"什么"的意思(江浙也有这字)。

发啥料做啥活,不发就不做。

参谋个啥问题咱们可不行呢。

【好把式】 是精通一种技艺的人。

提起高老品,那是……无人不晓的种地的好把式。

华北方言,语文课本上多已注明,这里不多举例。

（二）西南方言

【哪个】 等于说"谁"。

废纸哪个要？送给书呆子。

北京话只说"谁",不说"哪个"。北京话里虽也有"哪一个",但不等于说"谁"。

【搞】　是"做"或"干"的意思。

　　　　怎么搞的？我的鞋哪儿去啦？

现在,"搞"字已经全国化了。

【口水】　北方叫"吐沫",江浙叫"涎吐"。

　　　　被口水浸湿了。

(三)江浙话(江南话、吴语)

【面孔】　就是脸。

　　　　明朗的面孔,和善的眼光。
　　　　赤黑色的面孔。

【打耳光】　北方叫"打耳刮子",西南叫"打耳丝",华南叫"打嘴巴"。

　　　　还打了他一个耳光。

【蚕宝宝】　就是蚕。

宝宝健朗,他们就高兴。

【运道】 就是运气。

这些花纸会给他们带来好运道。

【幢】 江浙人叫一所楼房做"一幢"("幢"读如"撞"字阳平)。

没有一幢完整的房子。

【搭挡】 是合作的伴侣。

列宁跟一个军人做搭挡。

【一道】 就是"一块儿"或"一起"。

毛泽东同志看见和他一道走的一个同学手里有一本书。

【刚刚】 就是"刚"的意思。北方只说"刚",不说"刚刚"。

我刚刚把信笺装进信封,又接到了一封信。

试比较第二册第十课的"他刚由师里受美术训回来",那才是北方的说法。

【通通(统统、统通、通统)】 是"全都"的意思。

> 我每天要把发生的事情统统记在日记上。
>
> 出去,出去,通通出去。
>
> 一家人通通杀掉。

这里作者特地用"通通"二字表示日本鬼子的中国话很生硬。

(四)华南方言

【一点钟】 就是一个钟头。

> 隔一点钟,还有一艘也要经过这儿。
>
> 再过一点钟天就全黑了。

北方人偶然也把一个钟头说成"一点钟",但最普通的说法还是"一个钟头"。"一点钟"或"三点钟"是第一点钟或第三点钟的意思;"一个钟头"或"三个钟头",是一小时或三小时的意思。这样分别开来是有好处的。

写文章的时候,该不该用标准的词汇呢?应该的。那么用什么话作为标准语呢?应该用北京话,也就是我国首都的语言。不过,咱们应该注意用文学语言,不应该用一些太不常见的字眼。

如果不是在北京生长的人，要说出或写出一种纯粹的北京话是有困难的。但是咱们应该朝着这个方向走，也就是要拿标准语作为咱们努力的目标。

第四节　同义词、新名词、简称

一、同义词

同义词，就是意义相同的两个或更多的词。严格地说，真正完全同义的词是很少的。当我们说它们同义的时候（甚至说它们完全同义的时候），意思只是说它们在一定范围内意义相同罢了。

（一）完全同义

【和—跟】

> 矿井和通道都用木柱支撑着。
> 毛主席笑着和我握手。
> 别的铁路跟许多任务厂的工人都纷纷起来应响。
> 有一次河水冲到淮河流域，跟淮河会合。
> 李官祥爱护公家的东西跟爱护自己的生命一样。

第一例的"和"跟第三例的"跟"的意思是完全一样的,第二例的
"和"跟第四例的"跟"的意思也完全一样,可见"和"和"跟"是完
全同义的。在现在北京口语里,"跟"字渐渐占了优势。

【对—向】

狼……对那只羊说。
他向卫兵说。

【能—能够】

然而他们总不能离开机器间。
而且能够过着很舒服的生活。
重要的文章都能够背诵。

但"能"当"会"字讲的时候,不能说成"能够"。

【别的—旁的】

别的一块煤大声说。
旁的煤都不作声。
别的铁路跟许多任务厂……
不学好这三门功课,旁的功课就不容易学好。

(二)同义,但其中一个(后一个)地方色彩较浓

【不用—甭】

今年不用看了。

你们甭上冀县去啦！

【不要—别】

不要留主干。

不要射我！

大娘，你别伤心。

可别再说是八路军了。

【叫做—叫】

就叫做"星期六义务劳动日"。

南苑花盆村有个六十多岁的老头儿叫王崇阁。

人家叫它"琥珀"。

现在北京口语里几乎全都不用"叫做"。因此，只是"叫王崇阁"，不是"叫做王崇阁"；只是"叫它琥珀"，不是"叫它做琥珀"。

(三)同义，但其中一个(后一个)较合口语(北京话)

【读—念】

一个人不能把所有的书都读完。

你得念给我听。

【放—搁】

他赶快把小刀放在口袋里。

他把两段木头并排直搁在火堆旁边。

【从—打】

听说有一家刚从山东移来的难民。

打根上起就分枝。

【替—给】

你们要替我报仇呀！

秋上回来给你割谷子、打场。

【猛然—猛的(猛地)】

班长想了一想，猛然拍手说。

猛的觉得一只脚让什么东西碰了一下。

【如果—要(要是)】

如果你不想吃面包,你可以到牧场上去。

我的信如果要发表,且有发表的地方,我可以同意。

要不是你,我们一定要吃些小苦头了。

自己树上的〔叶子〕要是不够,就赶快计议。

【但(但是)—可是】

但是跟实在的情形差得很远。

但也有人替秦国打算,竭力破坏六国同盟。

可是苏维埃国家就在这艰苦的年头里开始它的经济建设。

【这里—这儿】

这里好像要出什么事情似的。

不许到这儿来!

【那里—那儿】

在那里,房子坏,房租贵。

那儿有呼伦和贝尔两个大湖。

【哪里—哪儿】

冰块会把我们漂流到哪儿去……

它流到哪里去……

【今天—今儿(今儿个)】

大家都觉得今天的工作真有意思。

今儿早上咱们吃什么呀?

今儿个是从宣化回老家去,路过这儿的。

"明天""明儿""明儿个""昨天""昨儿""昨儿个",由此类推。但"今天"当"现在"讲的时候,只是"今天",不是"今儿个"。

(四)同义,各带地域性
【挑—担】

叫王小五给挑到这里来了。

你要吃就打发孩子们去担一些。

"挑"字的应用比较普遍些。

(五)不完全同义
【时间—工夫】 "工夫"有时候当"时间"讲。"没有时间"可以说成"没有工夫","时间长"可以说成"工夫大"。这只是指做一件事所费的时间而言。"时间"的涵义较广,因此,"延长时间"不能说成"延长工夫","时间地点"不能说成"工夫地点"。同时,"工夫"也有一种意义是"时间"所没有的,譬如"真工夫"也不能说成"真时间"。

> 不到一天工夫,王家的葡萄园就变了样儿了。

【说—讲】 "说"是"说话"。"讲"字有时也指"说话",但有时是指讲出一番道理来,因此"首长在大会上讲了话"就不能改为"首长在大会上说了话"。此外,"讲"字又有"解释"的意思,所以和"说"字的用途不完全相同。

> 刘连长自己领在前头,连句话也不讲,就用力开起地来。

也可以说成"连句话也不说"。

> 大家不讲话,只听见脚步声。

也可以说成"大家不说话"。

> 接着就是杜伯洛维娜讲话。

这里用"讲话"，是演讲的意思，不能用"说话"。

　　　　　一个鬼子讲话了。

这里用"讲话"较妥。

　　　　　会写，会念，会讲，会用。

这里不能说成"会写，会念，会说，会用"，因为"会讲"是"会讲解"的意思。江浙人和华南人应该特别注意。

二、新名词

　　这里所谓新名词，就是随着社会发展而发展的新语汇。多数是国际化的字眼。必须彻底地了解它们，才能正确地运用它们。

　　【条件】　"条件"是甲方对乙方要求实行的一件或一些事情。

　　　　　最后依了文化教员的条件。

再说，如果要等待甲事实现，乙事才能实现，那么这甲事就是乙事的条件。咱们说"先决条件"，就是乙事所等待着的甲事（必须把甲事先解决了，乙事才能解决）。咱们说"条件不够"，就是乙事所等待的甲事还没有完全实现。

当咱们因为"条件不够"而不能实现咱们的理想的时候,咱们就该"创造条件"。在工厂或学校里,咱们常常听说"创造条件,争取入团"。这条件是什么呢? 就是:"要求入团的青年,除年龄必须相符,历史必须审查清楚之外,还必须遵照团章所规定的拥护中国共产党的主张,承认中国共产党是青年团的组织者和领导者,愿意忠实地在党的领导下为国家逐步实现工业化和逐步过渡到社会主义社会而奋斗;并且不仅在口头上拥护,还必须经过自己实际的革命行动,经过自己在生产的、工作的或学习的岗位上的积极表现,来积极促进这些原则的实现。"入团是乙事,在生产的、工作的或学习的岗位上的积极表现是甲事,这甲事就是乙事的条件。不够积极就是入团的"条件不够";今后更加积极,做到合于入团的条件,就是"创造条件,争取入团"。

【质量】 质量是从品质或质料上看出来的程度的高低。譬如布织得结实、耐用、好看,咱们就说它的质量好。质量往往和数量并提,譬如一个工厂出产的布又好又多,就是在质量上和数量上都有了成绩。"质量"原是一个物理学名词,一般所谓"质量",从前是分别指"质"和"量"("量"指数量),现在大家渐渐把"质量"当做一个单词来用,"质量"只指"质"的一方面,不包括数量了。工人在工厂里,不但要保证产品的质量和数量,而且要努力提高产品的质量和数量。

我们一定要完全消灭事故,继续提高修车的数量质量。

【争取】 "争取"本来的意思是"争得"。它的新兴用法是指尽最大的努力去达到某一个目的。那些要尽最大努力才能达到目的的事情，往往是条件不很够或者困难很多的事情。这新兴的用法表现了一种新的精神：条件不很够，或者困难很多，仍旧做得到，足以显出工人阶级的伟大力量。咱们说"五年计划，争取四年完成"，这里就充分表现着工人阶级的精神。

　　我们一定要保持这个荣誉，争取在今年十一月内完成全年的生产计划。

　　把各项定额工作做好，争取早日实现企业化。

【突击】 "突击"的原意是"突然袭击"，是战斗用语。引申来说，凡是为了特殊的任务，在很短促的时间里加紧努力工作，去完成那个任务，都叫"突击"。在工厂里，加紧努力，迅速争取生产新记录的劳动组织，叫做"突击队"。

　　风风雨雨地突击一阵。

　　她是工厂里的突击队员。

【肯定】 "肯定"和"否定"是相对的，"肯定"是正的方面，"否定"是反的方面；"肯定"是积极的方面，"否定"是消极的方面。因为"肯定"是正的方面和积极的方面，所以也有"认定"和"确信"的意思。譬如说"肯定了新中国四年来的成绩"，意思就是认定有成绩。

  我这样肯定地回答了他。

【强调】 "强调"是把声调加强的意思。咱们说话的时候，说到重要的地方，往往有意地说得特别响亮。这就是"强调"的本来意义。引申来说，凡特别着重地提出一件事，也叫做"强调"。一般只用这引申的意义。

  他的爱祖国爱人民的那种精神依然是值得我们强调、值得我们学习的。

【可能】 从前只说"可"或"能"，"可""能"连起来表示可能性，则是新兴的字眼，但也用了三四十年了（唐诗里"可""能"两字也有连用的，不过那是另一种意思）。"可能"表示一件事或者会那样，因此，有时候，说"可能"就等于说"也许"。

  可能是这些水点太小了，不会很快地落下来。

说某事有实现的可能，是说那件事或者可以实现。但是，最近还有一种更新的用法，就是不带"或者"的意思。譬如说"社会主义社会成为可能"，就等于说"社会主义社会能够实现"了。

【一定】 "一定"本来是"必"的意思。但"一定"的新用法是指达到了某一程度，或有了某一明确的范围。这程度或范围是可知的（所以叫做"一定"），若要说得更明确些也是可能的；但笼统起来，就只说"一定"。例如某一小组每天在上午十时开会，可以说这一个小组"每天在一定的时间开会"或"有一定的开会时间"。又如说某一工作"获得了一定的成绩"，这句话一方面表示还有一些缺点，不能满意（因为只达到了某一程度，尚未达到最高程度），另一方面又表示这成绩是肯定了的，是有许多具体事实可以证明的，令人增加工作的信心。

无论学什么科学，都要有一定的语文程度。

这等于说"都要有相当的语文程度"。假定说，你如果学文科，你的语文程度应该达到四分以上；你如果学工科，你的语文程度应该达到三分以上。这四分和三分对于文科和工科来说都是有一定的，所以说"要有一定的语文程度"。

【一般】 "一般"原来的意义是"一样"。它的新兴用法是指普通的情况。当咱们说"一般"的时候，意思是说，有或可能有一些例外。因此，"一般"是和"特殊"相对的。

一般大众对于新名词也听不懂。

意思是，可能有少数人听得懂。

一般的饭店都不准黑人进去。

意思是，只有一些特殊的饭店是准黑人进去的。

【任何】 "任何"有"无论什么"的意思。"任何人"等于说
"无论是谁"。"任何"有时候等于"一切"。但若在否定语的后
面，咱们只说"任何"，不说"一切"。

人们一直以为北极上不会有任何生命存在。

新名词很多，这里只在语文课本里找出一些例子来谈一谈。
咱们对于新名词，一定要懂得透彻，才好用它们。

三、简称

简称是一个名称或一件事，因为字多，省略成为两三个字，
说起来或写起来省力些。

【政委】 政治委员。

我们一个团政委给我来了一封信。

【支书】 支部书记（共产党的，或共产主义青年团的）。

该向支书汇报啦。

【炮一团】 炮兵第一团。

> 刚过了西平县,会见了我们的老伙伴炮一团。

简称不能太简单,太简单了,就令人不容易了解。像"老王,八路军的敌工股长","敌工股长"这个简称就不妥当。因此,最好是少用简称。下面是两个不用简称的例子:

> 下面写的就是某旅政治委员李震同志关于这次渡淮经过的谈话。
> 支部书记张广福从楼上下来。

正式的、庄严的文件是不应该用简称的。试看中国共产主义青年团的团章里,"马克思列宁主义"没有简称为"马列主义","中国共产党"没有简称为"中共","少年先锋队"没有简称为"少先队","中央委员会"没有简称为"中委","工作委员会"没有简称为"工委"。为什么不应该用简称呢?因为用简称就不够明确,而庄严的文件是不容许有两可的解释的。再说,既然是庄严的文件,就应该郑重其事,根本不应该贪图省力了。

有时候,在正式文件里,在全称说出来之后,也可以用简称。在这种情形之下,通常的办法是在全称的后面加上一个附注。例如政务院为准备普选进行全国人口调查登记的指示的"附二"里说:

填表单位——户,按"全国人口调查登记办法"(以下简称"登记办法")第四条的规定确定之。

这样,既简单(下文可以省许多字),又明确(上文交代清楚),就两全其美了。

第五节 古语的沿用

语言的起源远在有文字以前。咱们现在所说的话里头,有许多字眼是从古代一直沿用到现在的,例如"人"字,不但古文字里有它,而且经过几千年仍旧活在大众的口语里,我们就把它当做现代口语的字眼看待了。本节里所谈的古语的沿用,不是指"人""马""牛""羊"等等,而是指一般口语里不用或不常用的字眼。这些字眼大都是从书本上学来的,所以是古语的沿用。咱们把这一类字眼叫做文言的字眼。

文言的字眼有些也被吸收到口语里,变为一般口语的字眼。但当它们未变为一般口语的时候,青年人学习起来是比较困难的,所以这里特别提出来谈一谈。

一、文言虚字

所谓虚字,就是意思比较空虚的字眼。它并不表示一种事物,也不表示一种行为或一种状态。文言里的虚字很多,现在只拣几个和口语有关系的来说。

（一）所

"所"字在文言里，放在一种动作的前面，表示这是一种动作。例如"张生所读之书"或"金兵为岳飞所败"。有时候"所"字和动作结合起来，就表示一种事物。例如"张生所读皆有用之书"。在现代的文章里，偶然还可以见到这种"所"字。

　　　　果然不出所料。
　　　　倘若叮在一处，所得就非常有限。
　　　　越过终年积雪的高山，到了他所想到的地方。
　　　　旗政府和苏木政府所在的地方都设立了学校。

应该注意：一般的口语里是没有"所"字的；咱们只说"到了他想到的地方"，"有旗政府和苏木政府的地方都有了学校"等。

此外，还有两个特殊的字眼：第一是"所谓"，第二是"所有"。现在分别叙述于下：

"所谓"等于"我们说的……""人们说的……"之类：

　　　　所谓经验，不仅是知识方面的事情。

等于说"我们说的经验不仅是……"。

　　　　最初他按照所谓意大利典型造成。

等于说"……人们说的意大利典型……"。

有时候，"所谓"表示"他们说的，我们并不承认"的意思。

那种不受任何约束的所谓"绝对自由"，实际上是不存在的。

"所有"最初的意思只是"有"：

只要穷人团结起来，就可以把富人所有的一切拿到自己手里来。

后来"所有"本身就表示"一切"的意思。

把所有的书集合起来，就是人类所有的经验的总仓库。

（二）其

"其"字在古代是"他的"的意思。现代口语里不用它了，只在某一些特殊结构里保存着。

"其他"就是"别的"或"另外"，因为"他"字在古代正是"别"或"另"的意思：

她又把家里其他的人都认了。

"其余"就是"……以外"的意思：

> 齐国和其余的四国也不算太弱。

等于说"齐国和齐国以外的四国……"。

"其次"的本来意思是"他的（它的）下面一个"。引申来说，有"再说"或"还有"的意思。这里的"再说"和"还有"，都表示前面的话还没有说得完全：

> 其次是可以看世界旅行记。

"尤其"是"特别"的意思。本该只说"尤"，"其"字是加上去的：

> 梁军的那一架尤其照顾得好。

"莫名其妙"本来的意思是"不能说出（或说不出）它的奥妙"，后来只当做"不明白"（想不通）讲（参看上文第一节）：

> 刘连长想了一下，也莫名其妙。

"大请其客"，本该只说"大请客"。"其"字加进去，起初只是滑稽的说法，后来变了夸张的说法。"大"字和"其"字相应，咱们可以比着这个格式，说"大吃其亏""大看其电影"等：

今天你大请其客。

注意：一般的"他"字不能译成"其"字。例如"他不知道"，不能译成"其不知"。

（三）之

"之"字在古代，普通有两个用途：第一是"他"的意思。如"爱之""杀之"等；但"他去了"不能译成"之去矣"。第二是"的"的意思。如"天之上""地之下"等；但"这书是我的"不能译成"此书乃我之"，"匆匆的走了"不能译成"匆匆之去矣"。由此看来，"之"和他的用途不完全相同；"之"和"的"的用途也不完全相等。在现代的文章里，"之"字的第一用途比较少见。下面是第二用途的一个例子：

那平水之上，早已有冰结满。

在第二用途中，有两种特殊形式是现代化了的：第一种是"……之一"，第二种是"几分之几"。

"……之一"表示"……当中的一个"，譬如说"捷克是东欧社会主义国家之一"，这一句话比较"捷克是东欧社会主义国家"的意思更周密些，因为东欧有许多社会主义国家，而捷克只是其中的一个：

> 这是我军南渡的许多渡口之一。

当咱们说分数的时候，就说"几分之几"，如"三分之一""五分之二""百分之九十五"等。

> 这一季的任务比去年哪一季都加重了三分之二。

这两种特殊形式只用"之"字，不用"的"字。"许多渡口之一"不大能说成"许多渡口的一个"；至于"三分之二"，更不能说成"三分的二"了。

(四)于

"于"字的意思颇像口语的"在"（"于家中用膳"），但并不完全相同。例如"昨天我不在家"，不能译成"昨日我不于家"。现代口语里，单独的"于"字几乎没有什么用处了，它只被保留在一些特殊结构里。

"对于"是"在……上头"或"在……方面"的意思：

> 还说出自己对于这本书的意见。

等于说"自己在这本书上头的意见"。

"关于"是"在……这一件事情上(或这一个范围内)"的意思:

> 明确地规定了关于劳动保护的项目。

等于说"规定了在劳动保护这一件事情上的项目"。

"由于"相当于"因为",用来说明因果:

> 在苏联,由于工人阶级专政,厉行劳动保护政策,这种辛苦危险的煤矿工作大大地改善了。

"对于""关于""由于"都是新兴的字眼,借用文言"于"字合成的。

"终于"相当于"结果是"或"到底":

> 我们终于抢先渡过了淮河。

"至于"相当于"说到":

> 至于看桃花的名所,是龙华。

"不至于"就是"不会",或"不会弄到":

要使黄河的水流平稳，不至于泛滥。

"适于（适宜于）"表示在那件事上是适合的：

伏特雅诺夫开始选择适于降落的冰块。

"有利于"表示对于那个人或那件事情是有利的：

为什么穷人不去做有利于自己的工作呢？

"于是"的本来意义是"在这里""在这个时候"，后来变为近似"因此"的用途，但仍旧含有"在这个时候"的意思：

人类为了交流经验，保存经验，才创造文字，制造书写工具，发明印刷技术，于是世界上有了书。

(五)乎

"乎"字在古代，普通有两种用途：第一种是"吗"的意思，如"伤人乎"？第二种是"于"的意思，如"合乎标准"。在现代口语里，第一种完全废弃了，第二种用途还在一些成语里保存着。

"几乎"本来是"将近于"的意思，现在变了"差点儿"或"差不多"的意思：

　　　　突然飞来一枝箭，几乎射中了膝盖。

等于说"……差点儿射中了膝盖"。

　　"不在乎"本该是"不在乎此"，也就是"不在于此"的意思（现在还有些人说"不在乎此"）。后来演变到丢了"此"字，就只剩下了"不在乎"。"不在乎"变了"不放在心上"的意思：

　　　　他站在那儿看，毫不在乎的样子。
　　　　我们对于这样的气候并不在乎。

　　（六）以

　　"以"字在古代，最普通的用途是当"拿"字讲（"以子之矛，攻子之盾"），但和"拿"的意义并不完全相同。譬如说"我拿了他的书"不能译成"我以其书"：

　　　　请给我以火，给我以火！

　　"给我以火"的"以"字，是古代典型的用法。"给我以火"等于说"拿火给我"。注意古今词序的不同。

　　下面再叙述一些特殊的结构：

　　"以为"是"拿……当做"的意思，后来变了"想是"或"认为"的意思：

人们一直以为北极上不会有任何生命存在。

"所以"用来指出它前面说的是原因：

我有好几个青年朋友就死在那里面，所以我是不去的。

"以资"是"拿来作为……用的"的意思，这是十足的文言，只用于一些公文里。"以资"下面一定是一种行为，表示要达到某种目的：

特授与金牌，以资奖励。

此外，有些"以"字并非"拿"的意思，只表示它前面的话是说明怎么样的一种动作。这种话太文了，还是不用的好：

我们总希望来一阵雷雨，实际上也往往"如愿以偿"。

如愿地达到了目的，即用"如愿"来说明怎样达到了目的。

"以前""以后""以外"，实际上等于说"前""后""外"（"以上""以下"也是一样），"以"字有"由此一直到"的意思：

他无可奈何地把时间推到拂晓以前。
以前，没有一个人知道这个确实的数字。

单说"以前"就等于说"从前"。

> 这只有在辛勤的工作以后才能得到答复。
> 除了主要的矿井和通道装设电灯以外,还有一种新式的灯。

"以外"和"除了"相应,变了比较抽象的意思。

(七)而

"而"字在古代,最主要的用途是表示"但是"或"并且"的意思。

> 精明强干的性格,刻苦耐劳的精神,先要有了健康的身体才能培养起来。而所有的人并不是一生下来就是健康的,一般人的健康都是锻炼出来的。

"而"等于"但是"。

> 这并不是老天爷的恩惠,而是因为雷雨的成因正是闷热。

这"而"字也是由"但是"的意思变来的,不过语气轻了些。

跟"所""于""以"等字一样,"而"字也有一些特殊结构:

"然而"就是"但是"的意思：

> 那儿散满了油的气味，煤的气味，热得叫人头脑发昏。
> 然而火夫们整天整晚在那儿。

"而且"，"而"和"且"的意思差不多，古代只能单用，不能连用，后来在口语里连用起来了。"而且"就是"并且"：

> 而且我们每个国民都应该努力。

此外，有一种"而"字表示它前面的话是说明怎么样的一种动作，例如：

> 我和猎人马克西梅奇划着小船，顺流而下。

用"顺流"来说明怎样"下"去。"顺流而下"和上文所举的"如愿以偿"的结构差不多。

（八）且

"且"就是"并且"或"而且"。单说"且"是文言，吸收到口语里转变为双音词就成了"并且"或"而且"。在纯粹的口语里，一般不说"并且"或"而且"，只说"又""还""还有""再说"等：

我的信如果要发表，且有发表的地方，我可以同意。

（九）若

"若"就是"如果""要是"或"要"：

若以此刻河水而论，也不过百丈宽的光景。

有时候说成"倘若"，这也是文言字眼吸收到口语里转成的双音词。

倘若叮在一处，所得就非常有限。

二、文言的语汇

上面所谈的文言虚字也就是文言的语汇的一部分。但是除了文言虚字之外，还有许多字眼是属于文言的语汇的。现在就文言字眼较多的课文里摘出一些例子来看：

黯然泪下　可恕　借此　名所　独骑　险恶　四顾茫茫

越过　吸饱　顺流　馋涎　整洁　呻吟　过深　悲愤　岛屿

绵延　发祥地　河防　觅店　无暇　奔腾澎湃　交辉　苦寒

勤奋　均　滔滔不绝　阻遏　徒涉　沉思　黎明　晨光　怒涛

光润　敌忾同仇　奇袭　永垂不朽　张皇失措　命中　超越

显现　坚韧　养育　嗤笑　盘旋　波涛汹涌　嘶叫　一霎时

翻腾　征兆　飞翔　原野　吼叫　赫赫　宏丽　奇花异草
丛林　牧民　景象

　　咱们不应该完全排斥文言的词汇，应该好好地把它吸收到口语里来。譬如"顽强"两个字，现在一般口语里都通用了。但是，也不应该滥用文言，像上文所举的"黎明""吼叫""张皇失措"等，都是可以用更接近口语的字眼来代替的。

三、过时的口语

　　有些字，在几十年或一二百年前还是白话，到现在口语里却废弃了。例如：

　　【煞】　很。

　　　　像个小插瓶似的，煞是好看。

　　【却】　可是。

　　　　却又被河边上的冰把几只船冻得牢牢的。

　　【方】　才（纔）。

　　　　及至仔细看去，方看出哪是云，哪是山来。

　　【将】　把。

将那走不过去的冰挤得两面乱窜。

【这般】 这样，这么。

此地从来没有这般热闹。

【道、说道】 说。

放在桌上，说道。

南方人学写文章的时候要留心一件事，就是要学习现代北方的活口语（特别是北京话），不要学习旧小说里的过时的口语。

四、复活的文言

有些文言字眼，被吸收到口语里（往往先经过文字，然后到口语），渐渐地传开了，就变成了口语，这可以叫做复活的文言。譬如抗日战争时期，"空袭"和"警报"曾经很快地变为日常的口语，而"袭"和"警"本来是很深的文言。"酝酿""学习""准备""坦白""巩固"等等，本来也很文，现在变为很通俗了：

我说不那么简单，应该在班里再充分酝酿。
叫他学习，他就把脸皮一耷拉。
好一会，他才像当年战前宣誓似地说。

说 1950 年要消灭识七百字以下的文盲。

反正你得好好帮我提高文化。

炊事班的同志们打开锅挑子和油盐挑子。

炊事员老钱忽然从王小五的油盐挑子上解下一把菜刀来。

上节的"争取""突击"之类，也都是这一种情形。新词的创造，往往是从文言的仓库里取得原料的。可是咱们还得注意：

一方面，一部分陈旧字眼将会渐渐地被大众的口语替代。例如"然而"将被"但是"或"可是"替代，"倘若"将被"要是"替代，"黎明"将被"清早"替代，"海滨"将被"海边"替代，等等。

另一方面，人民将会不断地创造新的语汇，来适应新文化、新道德和新的社会制度的需要。而新的语汇，大多数是从旧的语汇转化来的。

因此，咱们对于陈旧的字眼，最好是避免不用。同时，对于古代的语言，也要有一定的了解能力。

第八章　语言形式美

语言的形式之所以能是美的,因为它有整齐的美、抑扬的美、回环的美。这些美都是音乐所具备的,所以语言的形式美也可以说是语言的音乐美。在音乐理论中,有所谓音乐的语言;在语言形式美的理论中,也应该有所谓语言的音乐。音乐和语言不是一回事,但是二者之间有一个共同点:音乐和语言都是靠声音来表现的,声音和谐了就美,不和谐就不美。整齐、抑扬、回环,都是为了达到和谐的美。在这一点上,语言和音乐是有着密切的关系的。

语言形式的美不限于诗的语言,散文里同样可以有整齐的美、抑扬的美和回环的美。从前有人说,诗是从声律最优美的散文中洗练出来的;也有人意识到,具有语言形式美的散文却又正是从诗脱胎出来的。其实在这个问题上讨论先有鸡还是先有蛋是没有意义的,只要是语言,就可能有语言形式美存在,而诗不过是语言形式美的集中表现罢了。

第一节　整齐的美

在音乐上,两个乐句构成一个乐段。最整齐匀称的乐段是由长短相等的两个乐句配合而成的,当乐段成为平行结构的时候,两个乐句的旋律基本上相同,只是以不同的终止来结束,这样就形成了整齐的美。同样的道理应用在语言上,就形成了语言的对偶和排比。对偶是平行的、长短相等的两句话,排比则是平行的、但是长短不相等的两句话,或者是两句以上的、平行的、长短相等的或不相等的话。

远在第二世纪,希腊著名历史学家普鲁塔克就以善用排比的语句为人们所称道。直到现在,语言的排比仍然被认为修辞学的重要手段之一。但是,排比作为修辞手段虽然是人类所共有的,对偶作为修辞手段却是汉语的特点所决定的[①]。古代汉语以单音词为主,现代汉语虽然双音词颇多,但是这些双音词大多数都是以古代单音词作为词素的,各个词素仍旧有它的独立性。这样就很适宜于构成音节数量相等的对偶。对偶在文艺中的具体表现,就是骈体文和诗歌中的偶句。

骈偶的来源很古。《易·乾·文言》说:"同声相应,同气相求。"《左传·僖公三十三年》说:"武夫力而拘诸原,妇人暂而免诸国。"《诗·召南·草虫》说:"喓喓草虫,趯趯阜螽。"《邶风·柏舟》说:"觏闵既多,受侮不少。"《小雅·采薇》说:"昔我往矣,杨柳依依;今我来思,雨雪霏霏。"这种例子可以举得很多。

六朝的骈体文并不是突然产生的,也不是由谁规定的,而是历代文人的艺术经验的积累。秦汉以后,文章逐渐向骈俪的方向发展。例如曹丕《与朝歌令吴质书》说:"高谈娱心,哀筝顺耳。驰骋北场,旅食南馆。浮甘瓜于清泉,沉朱李于寒水。"又说:"节同时异,物是人非。"这是正向着骈体文过渡的一个证据。从骈散兼行到全部骈俪,就变成了正式的骈体文。

对偶既然是艺术经验的积累,为什么骈体文又受韩愈等人排斥呢?骈体文自从变成一种文体以后,就成为一种僵化的形

[①]当然,和汉语同一类型的语言也能有同样的修辞手段。

式,缺乏灵活性,从而损害了语言的自然。骈体文的致命伤,还在于缺乏内容,言之无物。作者只知道堆砌陈词滥调,立论时既没有精辟的见解,抒情时也没有真实的感情。韩愈所反对的也只是这些,而不是对偶和排比。他在《答李翊书》里说:"惟陈言之务去。"又在《南阳樊绍述墓志铭》里说:"惟古于词必己出,降而不能乃剽贼。"他并没有反对语言中的整齐的美。没有人比他更善于用排比了:他能从错综中求整齐,从变化中求匀称。他在《原道》里说:"博爱之谓仁,行而宜之之谓义,由是而之焉之谓道,足乎己无待于外之谓德。"又说:"是故君者出令者也,臣者行君之令者也,民者出粟米麻丝、作器皿、通货财,以事其上者也。"这样错综变化,就能使文气更畅。尽管是这样,他也还不肯放弃对偶这一个重要的修辞手段。他的对偶之美,比之庾信、徐陵,简直是有过之无不及。试看他在《送李愿归盘谷序》所写的"坐茂树以终日,濯清泉以自洁";在《进学解》所写的"纪事者必提其要,纂言者必钩其玄";在《答李翊书》所写的"养其根而竢其实,加其膏而希其光。根之茂者其实遂,膏之沃者其光晔",哪一处不是文质彬彬、情采兼备的呢?

总之,如果我们能够做到整齐而不雷同,匀称而不呆板,语言中的对偶和排比,的确可以构成形式的美。在对偶这个修辞手段上,汉语可以说是"得天独厚",这一艺术经验是值得我们继承的。

第二节　抑扬的美

在音乐中,节奏是强音和弱音的周期性的交替,而拍子则是衡量节奏的手段。譬如你跳狐步舞,那是四拍子,第一拍是强拍,第三拍是次强拍,第二、四两拍都是弱拍;又譬如你跳华尔兹舞,那是三拍子,第一拍是强拍,第二、三两拍都是弱拍。

节奏不但音乐里有,语言里也有。对于可以衡量的语音单位,我们也可以有意识地让它们在一定时隙中成为有规律的重复,这样就构成了语言中的节奏。诗人常常运用语言中的节奏来造成诗中的抑扬的美。西洋的诗论家常常拿诗的节奏和音乐的节奏相比,来说明诗的音乐性。在这一点上说,诗和音乐简直是孪生兄弟了。

由于语言具有民族特点,诗的节奏也具有民族特点。音乐的节奏只是强弱的交替,而语言的节奏却不一定是强弱的交替;除了强弱的交替之外,还可以有长短的交替和高低的交替①。譬如说,在希腊语和拉丁语中,长短音的区别很重要,希腊诗和拉丁诗的节奏就用的是长短律;在英语和俄语中,轻重音的区别很重要,英国诗和俄国诗的节奏就用的是轻重律。因此,希腊、罗马诗人的抑扬概念,跟英、俄诗人的抑扬概念不同。尽管用的是同样的名称,希腊、罗马诗人所谓抑扬格指的是一短一长,英、俄诗人指的是一轻一重;希腊、罗马诗人所谓扬抑格指的是一长

---

①上文所说的都是可衡量的语音单位,因音的长度、强度、高度都是可以衡量的。

一短,英、俄诗人指的是一重一轻;希腊、罗马诗人所谓抑抑扬格指的是两短一长,英、俄诗人指的是两轻一重;希腊、罗马诗人所谓扬抑抑格指的是一长两短,英、俄诗人指的是一重两轻[①]。

汉语和西洋语言更不相同了。西洋语言的复音词很多,每一个复音词都是长短音相间或者是轻重音相间的,便于构成长短律或轻重律;汉语的特点不容许有跟西洋语言一样的节奏。那么,汉语的诗是否也有节奏呢[②]?

从传统的汉语诗律学上说,平仄的格式就是汉语诗的节奏。这种节奏,不但应用在诗上,而且还应用在后期的骈体文上,甚至某些散文作家在他们的作品中也灵活地用上了它。

平仄格式到底是高低律呢,还是长短律呢? 我倾向于承认它是一种长短律。汉语的声调和语音的高低、长短都有关系,而古人把四声分为平仄两类,区别平仄的标准似乎是长短,而不是高低。但也可能既是长短的关系,又是高低的关系。由于古代汉语中的单音词占优势,汉语诗的长短律不可能跟希腊诗、拉丁诗一样,它有它自己的形式。这是中国诗人们长期摸索出来的

[①]抑扬格原文是 iambus,扬抑格原文是 trochee,抑抑扬格原文是 anapaest,扬抑抑格原文是 dactyl。

[②]由于西洋诗论家讲节奏,中国诗论家有时候也跟着讲节奏,但是其中有些是讲错了的。我在《中国格律诗的传统和现代格律诗的问题》中说:"平常我们对于节奏往往只有一个模糊的概念。假定诗句中每两个字一顿,既然每顿的字数均匀,就被认为有了节奏。有时候,每顿的字数并不均匀,有三字一顿的,有两字一顿的,但是,每行的顿数相等,也被认为有节奏。有时候,不但每顿的字数不相等,连每行的字数也不相等,只要有了一些顿,也被认为有节奏。其实顿只表示语音的停顿,它本身不表示节奏;顿的均匀只表示形式的整齐,也不表示节奏。"

一条宝贵的经验。

汉语诗的节奏的基本形式是平平仄仄，仄仄平平。这是四言诗的两句。上句是两扬两抑格，下句是两抑两扬格。平声长，所以是扬；仄声短，所以是抑。上下两句抑扬相反，才能曲尽变化之妙。《诗·周南·关雎》诗中的"参差荇菜，左右流之"，就是合乎这种节奏的。每两个字构成一个单位，而以下字为重点，所以第一字和第三字的平仄可以不拘。《诗·卫风·伯兮》诗中的"岂无膏沐？谁适为容！"同样是合乎这种节奏的。在《诗经》时代，诗人用这种节奏，可以说是偶合的、不自觉的，但是后来就渐渐变为自觉的了。曹操《短歌行》的"譬如朝露，去日苦多""周公吐哺，天下归心"；《土不同》的"心常叹怨，戚戚多悲"；《龟虽寿》的"神龟虽寿，犹有竟时""养怡之福，可得永年"，这些就不能说是偶合的了。这两个平仄格式的次序可以颠倒过来，而抑扬的美还是一样的。曹操的《土不同》的"水竭不流，冰坚可蹈"；《龟虽寿》的"烈士暮年，壮心不已"，就是这种情况①。

有了平仄的节奏，这就是格律诗的萌芽，这种句子可以称为律句。五言律句是四言律句的扩展；七言律句是五言律句的扩展。由此类推，六字句、八字句、九字句、十一字句，没有不是以四字句的节奏为基础的。

五字句比四字句多一个字，也就是多一个音节。这一个音

----

① 盛唐以后，诗的节奏又有改进。平收的四字句，其中的第三字尽可能不用仄声。平收的七字句，前四字是由仄仄平平组成，其中的第三字也尽可能不用仄声，直到宋词都是如此。

节可以加在原来四字句的后面,叫做加尾;也可以插入原来四字句的中间,叫做插腰。加尾要和前一个字的平仄相反,所以平平仄仄加尾成为平平仄仄平,仄仄平平加尾成为仄仄平平仄;插腰要和前一个字的平仄相同,所以平平仄仄插腰成为平平平仄仄,仄仄平平插腰成为仄仄仄平平。

五言律诗经过了一个很长的逐渐形成的过程。曹植的《箜篌引》有"谦谦君子德,磬折欲何求"?《白马篇》有"边城多警急,胡虏数迁移"。《赠白马王彪》有"孤魂翔故域,灵枢寄京师"。《情诗》有"游鱼潜绿水,翔鸟薄天飞"。这些已经是很完美的五言律句了,但是这种上下平仄相反的格式还没有定型化,曹植还写了一些平仄相同(后人叫做失对)的句子,例如《美女篇》的"明珠交玉体,珊瑚间木难"。沈约在《宋书·谢灵运传论》里说:"欲使宫羽相变,低昂互节。"又说:"若前有浮声,则后须切响。一简之内,音韵尽殊;两句之中,轻重悉异。"到了这个时候,诗的平仄逐渐有了定格。但是齐梁的诗仍有不对、不粘的律句。沈约自己的诗《直学省秋卧》:"秋风吹广陌,萧瑟入南闱。愁人掩轩卧,高窗时动扉。虚馆清阴满,神宇暖微微。网虫垂户织,夕鸟傍檐飞。缨佩空为忝,江海事多违。山中有桂树,岁暮可言归。"分开来看,句句都是律句①;合起来看,却未能做到多样化的妙处,因为不粘、不对的地方还很多②。到了盛唐,律诗的整个格式才算定型化了。

----

①"愁人"句是律句的变格。参看拙著《诗词格律》。
②后人模仿这种诗体,叫做"齐梁体"。

从五言律诗到七言律诗,问题很简单:只消在每句前面加上平仄相反的两个字就成了。从此以后,由唐诗到宋词,由宋词到元曲,万变不离其宗,总不外是平仄交替这个调调儿①。七减四成为三字句,二加四成为六字句,三加五成为八字句,四加五或二加七成为九字句,如此等等,可以变出许多花样来。甚至语言发展了,声调的种类起了变化,而平仄格式仍旧不变。试看马致远的《秋思》:"利名竭,是非绝。红尘不向门前惹,绿树偏宜屋角遮,青山正补墙头缺。更那堪竹篱茅舍!"这个曲调是《拨不断》,头两句都要求收音于平声,第五句要求收音于仄声,按《中原音韵》,"竭"和"绝"在当时正是读平声,"缺"字在当时正是读仄声(去声)。当时的入声字已经归到平、上、去三声去了,但是按照当代的读音仍旧可以谱曲。

直到今天,不少的民歌,不少的地方戏曲,仍旧保存着这一个具有民族特点的、具有抑扬的美的诗歌节奏。汉语的声调是客观存在的,利用声调的平衡交替来造成语言中的抑扬的美,这也是很自然的。

有人把意义的停顿和语言的节奏混为一谈,那当然是不对的。但是,它们二者之间却又是有密切关系的。

先说意义的停顿和语言的节奏的分别。任何一句话都有意义的停顿,但并不是每一句话都有节奏;正如任何人乱敲钢琴都可以敲出许多不同的声音并造成许多停顿,但是我们不能说乱敲也能敲出节奏来。再说,意义的停顿和语言的节奏,也有不一

---

① 关于诗词的格律,参看拙著《诗词格律》和《诗词格律十讲》,这里不再叙述。

致的时候。例如杜甫《宿府》的"永夜角声悲自语，中天月色好谁看"，意义的停顿是"角声悲"和"月色好"，语言的节奏是"悲自语"和"好谁看"①。

再说意义的停顿和语言的节奏的关系。这是更重要的一方面。这对于我们理解骈体文和词曲的节奏，是有着极其重要的意义的。

在骈体文的初期，文学家们只知道讲求整齐的美，还来不及讲求抑扬的美。但是，像上文所举的曹丕《与朝歌令吴质书》那样，以"心"对"耳"，以"场"对"馆"，以"泉"对"水"，恰好都是以平对仄，节奏的倾向是相当明显的。至于下文的"节同时异，物是人非"，那简直是声偶俱工了。到了南北朝的骈体文，越来越向节奏和谐方面发展，像上文所举沈约《谢灵运传论》"若前有浮声，则后须切响……"，已经和后期的骈体文相差无几。从庾信、徐陵开始，已经转入骈体文的后期，他们把整齐的美和抑扬的美结合起来，形成了语言上的双美。但是，我们必须从意义的停顿去看骈体文的节奏，然后能够欣赏它。像曹丕所说的"浮甘瓜于清泉，沉朱李于寒水"，决不能割裂成为"浮甘|瓜于|清泉，沉朱|李于|寒水"，而必须按照意义停顿，分成"浮甘瓜|（于）|清泉，沉朱李|（于）寒水"，以"瓜""李"为重点，然后以平对仄的节奏才能显露出来。

在骈体文中，虚词往往是不算在节奏之内的。自从节奏成为骈体文的要素之后，对偶就变成了对仗。对仗的特点是上句

---

① 有些诗论家把这种情况叫做"折腰"。

和下句的平仄要相反，两句在同一个位置上的字不能雷同（像"同声相应，同气相求"就才算对偶，不算对仗）。律诗在这一点上受了骈体文的影响，因为律诗的中两联一般是用对仗的。骈体文的对仗和律诗的对仗稍有不同；骈体文在对仗的两句中，虚词是可以雷同的。字的雷同意味着平仄的雷同。由于虚词不算在骈体文的节奏之内，所以这种雷同是可以容许的。骆宾王《为徐敬业讨武氏檄》最后两句不应该分成"请看｜今日｜之域｜中，竟是｜谁家｜之天｜下"，而应该分成"请看｜今日｜域中，竟是｜谁家｜天下"，它的平仄格式是㊉平㊀仄㊉平，㊀仄㊉平㊀仄（"看"字读平声），正是节奏和谐的句子。王勃《滕王阁序》"穷睇眄于中天，极娱游于暇日"，应该分成"穷｜睇眄｜中天，极｜娱游｜暇日"。蒲松龄《聊斋自志》"披萝带荔，三闾氏感而为骚；牛鬼蛇神，长爪郎吟而成癖"，应该分成"披萝｜带荔，三闾氏｜感｜为骚；牛鬼｜蛇神，长爪郎｜吟｜成癖"，也是这个道理。有时候，上下句的虚词并不相同，只要是虚词对虚词，也应该用同样的分析法。例如王勃《滕王阁序》"酌贪泉而觉爽，处涸辙以犹欢"，也应该分成"酌｜贪泉｜觉爽，处｜涸辙｜犹欢"。又如"落霞与孤鹜齐飞，秋水共长天一色"，也应该分成"落霞｜孤鹜｜齐飞，秋水｜长天｜一色"。

　　在词曲中，同样地必须凭意义的停顿去分析节奏。柳永《雨霖铃》的"更那堪冷落清秋节"，必须吟成上三下五，然后显得后面是五言律句的平仄。马致远《寿阳曲》的"断桥头卖鱼人散"，必须吟成上三下四，然后显得后面是仄平平仄的四字句，而这种平仄正是词曲所特有的。

曲中有衬字，衬字也是不算节奏的，而且比骈体文中的虚词更自由。例如关汉卿《窦娥冤》第三折《耍孩儿》的后半段："〔我不要〕半星热血红尘洒，〔都只在〕八尺旗枪素练悬。〔等他四下里〕皆瞧见，〔这就是咱〕苌弘化碧，望帝啼鹃。"方括号内的字都是不入节奏的。

新诗的节奏不是和旧体诗词的节奏完全绝缘的，特别是骈体文和词曲的节奏，可以供我们借鉴的地方很多。已经有些诗人在新诗中成功地运用了平仄的节奏。现在试举出贺敬之同志《桂林山水歌》开端的四个诗行来看：

> 云中的神啊，雾中的仙，
> 神姿仙态桂林的山！
> 情一样深啊，梦一样美，
> 如情似梦漓江的水

这四个诗行同时具备了整齐的美、抑扬的美、回环的美。整齐的美很容易看出来，不必讨论了。回环的美下文还要讲到，现在单讲抑扬的美。除了衬字（"的"字）不算，"神姿仙态桂林山"和"如情似梦漓江水"，十足地是两个七言律句。我们并不说每一首新诗都要这样做，但是当一位诗人在不妨碍意境的情况下，能够锦上添花地照顾到语言形式美，总是值得颂扬的。

不但诗赋骈体文能有抑扬的美，散文也能有抑扬的美，不过作家们在散文中把平仄的交替运用得稍为灵活一些罢了。我从前曾经分析过王安石的《读孟尝君传》，认为其中的腔调抑扬顿挫，极尽声音之美。例如"孟尝君｜特｜鸡鸣｜狗盗｜之雄（耳），岂足｜以言｜得士"？这两句话的平仄交替是那样均衡，决不是偶合的。前辈诵读古文，摇头摆脑，一唱三叹，逐渐领略到文章抑扬顿挫的妙处，自己写起文章来不知不觉地也就学会了古文的腔调。我们今天自然应该多作一些科学分析，但是如果能够背诵一些现代典范白话文，涵泳其中，抑扬顿挫的笔调，也会是不召自来的。

第三节　回环的美

回环，大致说来就是重复或再现。在音乐上，再现是很重要的作曲手段。再现可以是重复，也可以是模进。重复是把一个音群原封不动地重复一次，模进则是把一个音群移高或移低若干度然后再现。不管是重复或者是模进，所得的效果都是回环的美。

诗歌中的韵，和音乐中的再现颇有几分相像。同一个音（一般是元音，或者是元音后面再带辅音）在同一个位置上（一般是句尾）的重复，叫做韵。韵在诗歌中的效果，也是一种回环的美。当我们听人家演奏舒伯特或托赛利的小夜曲的时候，翻来覆去总是那么几个音群，我们不但不觉得讨厌，反而觉得很有韵味；当我们听人家朗诵一首有韵的诗的时候，每句或每行的末尾总是同样的元音（有时是每隔一句或一行），我们不但不觉得单调，反而觉得非常和谐。

依西洋的传统说法，韵脚是和节奏有密切关系的。有人说，韵脚的功用在于显示诗行所造成的节奏已经完成了一个阶段[1]。这是从另一个角度来看问题。这种看法是以西洋诗为根据的，对汉语诗来说不尽适合。因为汉语诗不都是有节奏的，也不一定每行、每句都押韵。但是，从诗的音乐性来看韵脚，这一个大原则是和我们的见解没有矛盾的。

散文能不能有韵？有人把诗歌称为韵文，与散文相对立，这样，散文似乎就一定不能有韵语了。实际上并不如此。在西洋，已经有人注意到鲁索在他的《新爱洛伊丝》里运用了韵语[2]。在中国，例子更是不胜枚举。《易经》和《老子》大部分是韵语，《庄子》等书也有一些韵语。古医书《黄帝内经》(《素问》《灵枢》)充满了韵语。在先秦时代，韵语大约是为了便于记忆，而不是为了艺术的目的。到了汉代以后，那就显然是为了艺术的目的了。如果骈体文中间夹杂着散文叫做"骈散兼行"的话，散文中间夹杂着韵语也可以叫做"散韵兼行"。读者如果只看不诵，就很容易忽略过去；如果多朗诵几遍，韵味就出来了。例如枚乘《上书谏吴王》一开头"臣闻得全者昌，失全者亡"[3]，就是韵语。下文："系绝于天，不可复结；队入深渊，难以复出。其出不出，间不容发。能听忠臣之言，百举必脱。必若所欲为，危于累卵，难于上

---

[1] 参看 A. Dorchain《诗的艺术》第 102 页。

[2] 参看 A. Dorchain《诗的艺术》27 页。

[3]《汉书》作"得全者全昌，失全者全亡"，今依李兆洛《骈体文钞》。

天；变所欲为，易于反掌，安于泰山。今欲极天命之寿……不出反掌之易，以居泰山之安，而欲乘累卵之危，走上天之难。"结""出""发""脱"四字押韵，"天""山""安""难"四字押韵。又："欲人勿闻，莫若勿言；欲人勿知，莫若勿为。""闻""言"押韵，"知""为"押韵。又："福生有基，祸生有胎。纳其基，绝其胎，祸何自来？""基""胎""来"押韵。又："夫铢铢而称之，至石必差；寸寸而度之，至丈必过。""差""过"押韵。又："夫十围之木，始生而蘖，足可搔而绝，手可擢而拔；据其未生，先其未形也。""蘖""绝""拔"押韵，"生""形"押韵。又如柳宗元《愚溪诗序》："以愚辞歌愚溪，则茫然而不违，昏然而同归。超鸿蒙，混希夷，寂寥而莫我知也。"这里是"违"和"归"押韵，"夷"和"知"押韵（也可以认为四字一起押韵，算是支、微通押）。又如柳宗元《永州韦使君新堂记》："始命芟其芜，行其涂。积之丘如，蠲之浏如。既焚既酿，奇势迭出，清浊辨质，美恶异位。视其值则清秀敷舒，视其蓄则溶漾纡徐。怪石森然，周于四隅。或列或跪，或立或仆，窍穴逶邃，堆阜突怒。"这里是"芜"和"涂"押韵，"丘"和"浏"押韵（虚字前韵），"出"和"位"押韵（出，尺类切，读 chuì），"舒""徐"和"隅"押韵，"仆"和"怒"押韵。又如大家所熟悉的范仲淹的《岳阳楼记》："若夫霪雨霏霏，连月不开。阴风怒号，浊浪排空；日星隐曜，山岳潜形。商旅不行，樯倾楫摧；薄暮冥冥，虎啸猿啼。登斯楼也，则有去国怀乡，忧谗畏讥，满目萧然，感极而悲者矣。至若春和景明，波澜不惊。上下天光，一碧万顷。沙鸥翔集，锦鳞游泳。岸芷汀兰，郁郁青青。而或长烟一空，皓月千里。浮光跃金，静影沉璧。鱼歌互答,此乐何极！登斯楼也,则有心旷神怡,宠辱皆忘,把酒临风,其喜洋洋者矣。"这里"霏"和"开"押韵(不完全韵),"空"和"形"押韵(不完全韵),"摧"和"啼"押韵(不完全韵),"讥"和"悲"押韵,"明""惊"和"顷""泳""青"押韵(平仄通押),"璧"和"极"押韵,"忘"和"洋"押韵。作者并不声明要押韵,他的押韵在有意无意之间,不受任何格律的约束,所以可以用不完全韵,可以平仄通押,可以不遵守韵书的规定(如"讥"和"悲"押,"明""惊"和"青"押,"璧"和"极"押)。这一条艺术经验似乎是很少有人注意的。

赋才是真正的韵文。我们主张把汉语的文学体裁分为三大类:第一类是散文,第二类是韵文,第三类是诗歌。韵文指的就是赋,有人把赋归入散文,那是错误的①。单从全部押韵这一点说,它应该属于诗的一类。但是有许多赋并没有诗的意境,所以只好自成一类,它是名副其实的韵文。赋在最初的时候,还不十分注意对偶,更无所谓节奏。到了南北朝,赋受骈体文的影响,不但有了对偶,而且逐渐有了节奏。例如庾信的《哀江南赋》,等于后期的骈体文加韵脚,兼具了整齐的美、节奏的美、回环的美,这简直就是一篇史诗。苏轼的前后《赤壁赋》则又别开生面,多用"也""矣""焉""哉""乎",少用对偶和节奏,使它略带散文气息,而韵脚放在"也""矣""焉""哉""乎"的前面,令人有一种轻松的感觉。这是遥远地继承了《诗经》的优点,而又加以发展的一种长篇抒情诗。我常常设想:我们是否也可以拿"呢""吗""的"

①陈钟凡先生的《中国韵文通论》把诗、赋都归韵文,那比把赋归入散文好得多。

"了"来代替"也""矣""焉""哉""乎"来尝试一种新的赋体呢？成功的希望不是没有的。

　　韵脚的疏密和是否转韵，也有许多讲究。《诗经》的韵脚是很密的：常常是句句用韵，或者是隔句用韵。即以句句用韵来说，韵的距离也不过像西洋的八音诗。五言诗隔句用韵，等于西洋的十音诗。早期的七言诗事实上比五言诗的诗行更短，因为它句句押韵（所谓柏梁体），事实上只等于西洋的七音诗。从鲍照起，才有了隔句用韵的七言诗，韵的距离就比较远了。我想这和配不配音乐颇有关系。词的小令最初也配音乐，所以韵也很密。曲韵原则上也是很密的，只有衬字太多的时候，韵才显得疏些。直到今天的京剧和地方戏，还保持着密韵的传统，就是句句用韵。在传唱较久的京剧或某些地方戏曲中，还注意到单句押仄韵，双句押平韵（如京剧《四郎探母》和《捉放曹》等），这大约也和配音乐有关。一韵到底是最占势力的传统韵律。两句一换韵比较少见，必须四句以上换韵才够韵味，而一韵到底则最合人民群众的胃口。打开郑振铎的一部《中国俗文学史》来看，可以说其中的诗歌全部是一韵到底的。我们知道，元曲规定每折必须只用一个韵部。例如关汉卿《窦娥冤》第一折押尤侯韵，第二折押齐微韵，第三折押先天韵，第四折押皆来韵。直到现代的京剧和地方戏，一般也都是一韵到底的。例如京剧《四郎探母·坐宫》押言前辙，《捉放曹·宿店》押发花辙。在西洋，一韵到底的诗是相当少的。可见一韵到底，也表现了汉语诗歌的民族风格。

　　双声、叠韵，也是一种回环的美。这种形式美在对仗中才能显示出来。有时候是双声对双声,如白居易《自河南经乱……》"田园零落干戈后,骨肉流离道路中",以"零落"对"流离";又如李商隐《落花》"参差连曲陌,迢递送斜晖",以"参差"对"迢递"。有时候是叠韵对叠韵,如杜甫《秋日荆南述怀》"苍茫步兵哭,展转仲宣哀",以"苍茫"对"展转";又如李商隐《春雨》"远路应悲春晼晚,残宵犹得梦依稀",以"晼晚"对"依稀"。又有以双声对叠韵的,如杜甫《咏怀古迹》第一首"支离东北风尘际,漂泊西南天地间",以"支离"对"漂泊"①;又如李商隐《过陈琳墓》"石麟埋没藏春草,铜雀荒凉对暮云",以"埋没"对"荒凉"。双声、叠韵的运用并不限于联绵字,非联绵字也可以同样地构成对仗。杜甫是最精于此道的。现在随手举出一些例子,《野人送朱樱》"数回细写愁仍破,万颗匀圆讶许同",以"细写"对"匀圆";《吹笛》"风飘律吕相和切,月傍关山几处明",以"律吕"对"关山";《咏怀古迹》第二首"怅望千秋一洒泪,萧条异代不同时",以"怅望"对"萧条"("萧条"是联绵字,但"怅望"不是联绵字);第三首"一去紫台连朔漠,独留青冢向黄昏",以"朔漠"对"黄昏"②;第四首"翠华想象空山里,玉殿虚无野寺中",以"想象"对"虚无"③。这都不是偶然的。

我们应该把回环的美和同音相犯区别开来,回环是好的,同

---

① 漂:滂母字;泊:并母字,这是旁纽双声。
② 朔:觉韵字;漠:铎韵字,唐时两韵读音已经相近或相同。黄:匣母字;昏:晓母字,这是旁纽双声。林逋《山园小梅》"疏影横斜水清浅,暗香浮动月黄昏",以双声的"清浅"对叠韵的"黄昏",正是从老杜学来的。
③ 虚:鱼韵字;无:虞韵字,这是邻韵叠韵。

音相犯是不好的。六朝人所谓八病，前四病是同声调相犯①，后四病是双声相犯和叠韵相犯。

关于双声相犯，有旁纽、正纽二病（第七病和第八病）。旁纽指同句五字中不得用双声字（联绵字不在此例），正纽指同句五字中不得用同音不同调的字。这里当然不能十分拘泥，但是总的原则还是对的。王融、庾信、姚合、苏轼等人虽也写过双声诗②，但那只是文人的游戏，不能认为有任何艺术价值。否则拗口令也都可以叫做诗了。

关于叠韵相犯，有大韵、小韵二病。大韵指五言诗的韵脚和同联的其余九字任何一字同韵（联绵字不在此例），小韵指十字中任何两个字同韵（联绵字不在此例）。这也未免太拘，也不容易遵守。只有一点是重要的，就是在关节的地方不能和韵脚同韵。具体说来，凡有韵脚的句子，如果是五言，第二字不能和第五字同韵；如果是七言，第二字或第四字不能和第七字同韵。唐人很讲究这个，宋人就不大讲究了。像周弼《野望》"白草吴京甸，黄桑楚战场"，"黄"与"桑"同韵不要紧，"桑"与"场"同韵，就是对语言形式欠讲究了。声音相近或相同的字，最好不要让它们同在一联之内。像梅尧臣《送少卿张学士知洪州》"朱旗画舸

----

① 八病的解释根据《文镜秘府论》。前四病是平头、上尾、蜂腰、鹤膝。平头指五言诗第一字不得与第六字同声，第二字不得与第七字同声，其实就是避免平仄失对。上尾指第五字不得与第十字同声，也是平仄失对的问题。蜂腰指第二字不得与第五字同声，但是唐人的律诗并不遵守这条。鹤膝指第五字不得与第十五字同声，杜甫在律诗中很注意避免此病。参看拙著《中国古典文论中谈到的语言形式美》。
② 参看郭绍虞《沧浪诗话校释》第80—81页，注54。

一百尺，五月长江水拍天"，彭汝砺《城上》"云际静浮滨汉水，林端清送上方钟"，"百"和"拍"相近，"静"和"清"相近，在形式上也是不够讲究的。当然有特殊原因的不在此例，如李商隐《天涯》"春日在天涯，天涯日又斜"，第二句第二字"涯"和韵脚"斜"同韵，这是因为诗人要重复上句末二字，而上句又是有韵脚的，不能不如此。至于同一个字两次出现在同一句里，如杜甫《闻官军收河南河北》"即从巴峡穿巫峡，便下襄阳向洛阳"，就更不足为病了。

上面所说的语言形式的三种美——整齐的美、抑扬的美、回环的美——总起来说就是声音的美，音乐性的美。由此可见，有声语言才能表现这种美，纸上的文字并不能表现这种美。文字对人类文化贡献很大，但是我们不要忘记它始终是语言的代用品，我们要欣赏语言形式美，必须回到有声语言来欣赏它。不但诗歌如此，连散文也是如此。叶圣陶先生给我的信里说："台从将为文论诗歌声音之美，我意宜兼及于文，不第言古文，尤须多及今文。今文若何为美，若何为不美，若何则适于口而顺于耳，若何则仅供目治，违于口耳，倘能举例而申明之，归纳为若干条，诚如流行语所称大有现实意义。盖今人为文，大多数说出算数，完篇以后，惮于讽诵一二遍，声音之美，初不存想，故无声调节奏之可言。试播之于电台，或诵之于会场，其别扭立见。台从恳切言之，语人以此非细事，声入心通，操觚者必须讲求，则功德无量矣。"叶先生的话说得对极了，可惜我担不起这个重任，希望有人从这一方面进行科学研究，完成这个"功德无量"的任务。

朱自清先生曾经说过这样的一段话:"过去一般读者大概都会吟诵,他们吟诵诗文,从那吟诵的声调或吟诵的音乐得到趣味或快感,意义的关系很少……民间流行的小调以音乐为主,而不注重词句,欣赏也偏重在音乐上,跟吟诵诗文也正相同。感觉的享受似乎是直接的、本能的,即使是字面儿的影响所引起的感觉,也还多少有这种情形,至于小调和吟诵,更显然直接诉诸听觉,难怪容易唤起普遍的趣味和快感。至于意义的欣赏,得靠综合诸感觉的想象力,这个得有长期的修养才成。"①我看利用语言形式美来引起普遍的趣味和快感,这是非常重要的一件事。不注重词句自然是不对的,但重视语言的音乐性,也是非常应该的。我们应该把内容和形式很好地统一起来,让读者既能欣赏诗文的内容,又能欣赏诗文的形式。

第四节　诗的语言

上面所谈的都是包括诗和散文以及辞赋各方面的。现在我想专就诗一方面来谈一谈,因为诗是语言形式美的集中表现。在律诗和词曲中,对仗就是整齐的美,平仄就是抑扬的美,韵脚就是回环的美。这样说来,古体诗和现代的新诗都不美了吗?那又不能这样说。诗之所以美,主要决定于意境的美,即内容的美。而且题材对诗的形式也有影响:某种题材须要在形式上多加雕琢和装饰,另一种题材则须要在形式上比较自由。大致说

---

①朱自清《论百读不厌》,见于他所著的《论雅俗共赏》第10页。

来,抒情诗属于前者,史诗属于后者。假如我们让杜甫把他的《月夜》写成古体诗,或把他的《石壕吏》写成律诗,都是不合理的。杜甫等人,写古体诗的时候,把对仗变为自由的对偶,把平仄变为拗句,而且用韵很宽。这样给人另一种感觉,就是朴素和古拙。朴素和古拙也是另一种美,但不能再拿音乐性来衡量它。现代的新诗比古体诗有更大的自由,我们把只有诗的意境而完全不拘形式的诗叫做自由体,把只讲究用韵、不管节奏的诗叫做半自由体。现在虽然有人提倡新格律诗,但是还没有定型化。即使有了新格律诗,自由体和半自由体仍然是一条路。我们应该让百花齐放,而不能定于一尊。自由体虽然完全不拘形式,不讲究诗的音乐性,但是许多诗人在词藻方面还是很讲究的。至于半自由体,既然有了韵脚,也就有了回环的美,如果再能讲究一下整齐的美,如字句的匀称等等,那就差不多了。

　　讲究语言形式美,会不会妨碍诗的意境呢?这要看作者对语言形式美的态度如何和语言修养水平如何而定。我们首先要把技巧(艺术手段)和格律区别开来,技巧只是争取的,不是必须做到的。在技巧方面,每一个作者都有自己独特的风格。例如八病中的大韵、小韵,正纽、旁纽,这些都属于技巧的范围,能避免这些病最好,不能避免也不算犯规。而且作家也可以不同意这些技巧,而另外创造一些技巧。因此,在技巧方面完全不会产生妨碍诗的意境的问题。至于格律则是规定要遵守的,这才产生妨碍诗的意境的问题。

　　在西洋古代也争论过这一类的问题,有人说韵脚是一种障碍,有人说韵脚不但不是障碍,而且还是一种帮助,当灵感来时,韵脚就自然涌现了[①]。双方的看法都不免片面,他们都不能辩证地看问题。当你成为格律的奴隶的时候,格律简直是枷锁,岂但障碍而已!当你成为格律的主人的时候,你就能驾驭格律,如鱼得水,格律的确就是一种帮助了。

诗的语言形式美,始终应该服从于诗的意境。世界上的确有一些诗具备了很好的内容然而形式上尚有缺欠的;但是我们不能反过来说有一种诗虽然内容不好然而具备了很美的形式。在意境和格律发生矛盾的时候,诗人应该突破格律来成全意境;至于意境和技巧发生矛盾的时候,就更应该让前者自由翱翔,绝不受后者的拖累。

按照这个原则办事,是不是诗人必须经常突破格律和摆脱技巧呢?不是的。凡是成就比较大的诗人,都能从一致性中创造多样性,从纪律中取得自由。他们自己往往是语言巨匠,有极其丰富的词汇供他们驱使,有极其多样的语法手段供他们运用。当意境和格律发生矛盾的时候,他们不是牺牲意境来迁就格律,也不是牺牲格律来迁就意境,而是用等价的另一句话来做到一举两得;或者虽非等价,但是它和主题不相矛盾,在意境上也能算是异曲同工。所谓"吟成一个字,捻断数茎须",正足以说明诗人们惨淡经营的过程。

诗人们这样做法,常常有一种意外的收获,那就是创造了诗的语言。所谓诗的语言,可以从两方面看:从内容上看,有些散

---

①参看 A. Dorchain《诗的艺术》第 169—172 页。

文的语句充满了诗意，可以说是诗的语言；从形式上看，有些诗句就只能是诗句，如果放到散文中去，不但不调和，而且不成为句子。这里讲的诗的语言，是指后者说的。

叶圣陶先生给我的另一封信里说："诗之句型，大别为二：一为平常的句型，与散文及口头语言大致不异。一为特殊句型，散文决不能如是写，口头亦绝无此说法，可谓纯出于人工。我以为凡特殊句型，必对仗而后成立。如'名岂文章著，官应老病休'是也①。若云'名岂文章着，老衰官合休'，则上一语为不易理解，作者决不肯如是写。今为对仗，则令读者两相比勘，得以揣摩，知为名岂以文章而著，官应以老病而休之意。律诗中间两联，属于平常句型者固不少。而欲以诗意构成纯出人工之语言，自非使之对仗，纳入中间两联不可。此所以特殊句型必为对句也。易言之，因有对仗之法，乃令作者各逞其能，创为各种特殊句型，句型虽特，而作者克达其意，读者能会其旨。推而言之，骈文之所以能成立，亦复如是。至于词，则以其有固定格律，亦容许创为特殊句型。如'千古江山，英雄无觅孙仲谋处'②，此在散文为绝对不通之语。而按格律讽诵'英雄无觅孙仲谋处'八字，自能理会其为英雄如孙仲谋者更无觅处之意。我久怀此意，未尝语人，今见台从畅论诗词格律，用敢书告，请观有道着处否。"这是非常精辟的见解。叶先生所谓特殊句型，也就是我所谓诗的语言的一种。本来，古人在散文中就用对偶的手段来使语言既

①语见杜甫《旅夜书怀》。
②语见辛弃疾《永遇乐·京口北固亭怀古》。

精练而又免于费解。例如贾谊《过秦论》"于是从散约解,争割地而赂秦",假如只说"从散"而不说"约解",就变为难懂的了①。有的骈体文很有诗意,作者在文中利用对仗来制造诗的语言,像王勃《滕王阁序》"渔舟唱晚,响穷彭蠡之滨;雁阵惊寒,声断衡阳之浦",单凭它的特殊句型("唱"以"晚"为补语,"惊"以"寒"为补语等等),也就令人感觉到诗意盎然了。在律诗中,像叶先生所举的"名岂文章著,官应老病休"的例子还有许多。例如王维《山居秋暝》的"竹喧归浣女,莲动下渔舟",《终南山》的"白云回望合,青霭入看无",《辋川闲居赠裴秀才迪》的"渡头余落日,墟里上孤烟";杜甫《不见》的"敏捷诗千首,飘零酒一杯",《野望》的"海内风尘诸弟隔,天涯涕泪一身遥"等,真是举不胜举。诗词有了固定的格律,可以容许特殊句型。试以毛主席的诗词为例"一唱雄鸡天下白""六亿神州尽舜尧"等句,就都是诗的语言。

不善于押韵的人,往往为韵所困,有时不免凑韵(趁韵)。善于押韵的人正相反,他能出奇制胜,不但用韵用得很自然,而且因利乘便,就借这个韵脚来显示立意的清新。韩愈做诗爱用险韵,这是他有意逞才,不足为训。但是其中也有一些清新可喜的句子,例如《酬司马卢四兄云夫院长望秋作》押的是咸韵,真够险了,但是让他碰上了一个"咸"字,得了一句"嗜好与俗殊酸咸",就成为传诵的名句。李商隐在他的《锦瑟》诗中用了蓝田种玉的典故,如果直说种玉,句子该是多么平庸啊!由于诗是押先韵的,他忽然悟出一个"玉生烟"来,不但韵脚的问题解决了,不平

---

① 参看拙著《中国文法学初探》。

凡的诗句也造成了①。毛主席的七律《赠柳亚子先生》押的是阳韵，其中"风物长宜放眼量"一句，令人感觉到"量"字并不单纯是作为韵脚而存在的，实际上在别的韵部中也找不出比"量"字更响亮、更清新、更合适的字眼来。假如换成一个"放眼看"，那就味同嚼蜡了。讲到这里我们可以懂得，韵脚不是一种障碍，而是一种帮助。对于语言修养很高的诗人来说，这种说法是完全合理的。

散文的词句最忌生造。在诗中，生造词句当然也不好，但是诗人可以创造一些，要做到新而不生，其间的分寸要由诗人自己掌握。例如李商隐《无题》："隔座送钩春酒暖，分曹射覆蜡灯红。"蜡灯，一般只说"蜡烛"。如韩翃《寒食》"日暮汉宫传蜡烛"，杜牧《遣怀》"蜡烛有心还惜别"。这里说成"蜡灯"，是为了适合平仄，读者并不觉得他是生造。诗句要求精练，要求形象，词与词的搭配不一定要跟散文一样。例如李商隐的另一首《无题》："春心莫共花争发，一寸相思一寸灰。""一寸"和"相思"、"一寸"和"灰"，在散文中都搭配不上，但是他在诗中用上了，读者只觉得这句话很精练、很形象，而并不觉得有任何不自然的地方。

诗的语言是美的语言，诗人们不断地创造诗的语言，不断地丰富祖国语言的词汇。诗的语言，虽不能原封不动地搬到散文

---

① 这只是一种悬想。有时候，诗人先成一联，然后凑成一首。如鲁迅先得"横眉冷对千夫指，俯首甘为孺子牛"两句，然后凑成一首七律。假定李商隐先得"沧海月明珠有泪，蓝田日暖玉生烟"一联，就会是另一种情况。但是，例子虽不一定恰当，而诗人押韵必有这种经验，则是不容怀疑的。

里,但是诗中的整齐的美、抑扬的美、回环的美,往往为散文所吸收、所借鉴。因为除了音乐性的美之外,语言形式差不多没有什么其他能引起人们美感的东西了。

第九章　语言与其他

哲学家认为真、善、美三者有密切的关系,实现真、善、美,是人生的最高目的。文艺批评家认为真、善、美,也是文艺创作的根本法则。我认为,语言修养也应该要求真、善、美,所以我今天来谈谈语言的真、善、美。

第一节　语言的真善美

语言的真,就是语言的真实性;语言的善,就是语言的正确性;语言的美,就是语言的形式美。语言的真实性是语言问题,语言的正确性是逻辑问题,语言的形式美是美学问题,也是文学问题。毛主席说文章有三性:正确性、鲜明性、生动性。正确性和鲜明性是语言逻辑问题,生动性是文学问题。严复说翻译要求信、达、雅。信,就是语言的真实性,不要把外语翻错了;达,就是语言的正确性,不要翻出来不像汉语;雅,就是语言的形式美,翻出来的文章要优雅、生动、漂亮。

现在我分别讨论语言的真、善、美三方面的问题。

一、语言的真

语言要求真实,不真实就失掉语言的作用,甚至犯错误。日本文部省的某些人曾经把对中国的侵略改为"进入",那就是不真实,所以遭到我国人民和包括日本人民在内的世界各国人民的强烈反对。

语言要求真实,说起来容易,做起来不容易。有时候,为了某种政治目的,就会说假话。例如日本文部省改侵略为"进入";又如我国"大跃进"时期虚报丰收;"文化大革命"时期捏造老一辈革命家的罪状。有时候,为了讨好读者,追求趣味,也会捕风捉影,乱说一通。拿我来说,最近两年来,许多介绍我的生活的文章,都不免有些错误。有人说,我名叫王力,字了一,是因为"了一"是"力"字的反切;有人说,王了一就是王子,因为"了"字加一横就是"子"字,等等。其实我只是贪图笔画简单,别无他意。有人说:"王力当了小学教员,头一年每个月拿到三十几个铜钱,连吃饭也不够。"这把我说得太苦了。当时三十几个铜钱只值一毛钱,我不至于苦到这个地步。有人说:我初到法国时,由于不懂法语,到法国饭馆吃饭,连叫三个汤。这是把不懂外语的人的故事(笑话)当做我的故事了。有人说,我每天早上喝一杯鹿茸汤。没听说过鹿茸可以做汤喝的,即使可以喝,我也喝不起。真实的情况是,我每天早上喝一杯咖啡。无论如何,说假话总是没有好处的,到头来,总会被人揭穿。

语言的真实性问题还常常出现在文艺作品上。小说家写工农兵时,有人不知不觉地写上了学生腔(知识分子的语言),那就不真实。有人写古代剧本,掺杂着许多现代词语,那更不真实。从汉语史来说,在那个时代,这种词语还没有产生呢。

二、语言的善

语言的善,就是语言的正确性,也就是语言的逻辑性。我们学逻辑,不是为了记住它的一些条文,而是为了把逻辑的道理应用到语言的实践上。

首先谈一谈概念的分类。我们知道,在概念划分的规则中,有一条规定:划分的诸子项不能互相逾越,而应互相排斥。用通俗的话来说,就是事物的分类应该是界限分明,不应该交叉,不应该在甲类与乙类之间,在概念的内涵和外延上有部分的重叠。拿这个规则来衡量,今天我们的报纸杂志上所谓三×三不×,所谓四×、五×、六×、七×、八×等,许多是不合逻辑的。只有讲究逻辑的人,才能纠正这些缺点。

其次,谈一谈语法和逻辑的关系。一般所谓主谓不合、动宾不合、定语和中心语不合等等,多半不是语法问题,而是逻辑问题。例如有这样一个病句:

> 同学们都发扬了互助友爱的精神和虚心学习的态度。

精神是可以发扬的,态度是不可以发扬的。因为没有这个事理,没有这个事理就是不合逻辑,不是不合语法。

语法,我们在中学里学得不少,但是,在语言实践中,有时候还不免写出一些病句来,这是不善用逻辑思维的缘故。最近我在报纸上看见了这样一个句子:

> 在他们的笔下,日本过去的侵略行为已经正当化、合法化了。

"合法的侵略行为"已经很费解,"正当的侵略行为"简直不成话。应该改为:

> 在他们的笔下,日本过去的侵略行为竟变成了合法的、正当的行为了。

在逻辑学上,我们学过了三段论法。但在语言实践中,有时候还不免犯推理的错误。最近我在报纸上看见另一篇文章,题目是《健康——成才的重要因素》,其中有这样一段话:

> 颜回是个很"好学"的"不惰者",他"闻一而知十",经常与老师言终日而不休息,为人聪明,但他的身体却很弱,三十一岁就不幸短命。唐代诗人李贺,才气横溢,人称"鬼才",可是二十七岁就夭折了。可见,健康的身体也是成才的重要因素之一。

"可见"二字用得不合逻辑。文中举颜回、李贺为例,颜回是四哲之一,李贺是著名诗人,不能说他们没有成才。可见没有健康的身体也能成才,和作者的结论正相反。作者最好不举颜回、李贺为例,读者会说,我们可以学颜回、李贺那样勤奋,勤奋就能成才,早死我也甘心。如果一定要举颜回、李贺为例,那就应该说,如果颜回、李贺不早死,会有更大的成就。不应该简单地说:"可见,健康的身体也是成才的重要因素之一。"

篇章的逻辑性也应该讲究。我在某处讲过这个问题,现在重复讲一讲。

篇章结构,在逻辑上常犯的毛病有两种:第一种情况是牵连不断;第二种情况是前后矛盾。

关于牵连不断,我举的例子是:

> 在国际上我国外交打开了新的局面,签订了《中日和平友好条约》,实现了中美关系正常化,胜利进行了中越边境自卫反击战,打击了霸权主义,进一步提高了我国的国际威望。

我国外交打开了新的局面,这个新的局面是什么?底下讲签订了《中日和平友好条约》,实现了中美关系正常化,这都是打开了外交新局面。可是,胜利地进行了中越边境自卫反击战,怎么能算是打开外交的新局面呢?我看是不能算的。其实,这是另一层意思了,不能放在打开外交新局面一句话中来说,应该分成两句话说就清楚了。

另一个例子是:

> 委员们看到各条战线喜人的形势很受鼓舞,增强了实现四个现代化的信心,提高了为实现新时期总任务贡献力量的积极性,对有关部门和单位提出了一些有益的意见和建议。

这里边有个什么牵连不断的问题呢？委员们看见喜人形势很受鼓舞，增强了实现四个现代化的信心，这话本来是很通的；但底下紧接着就说对有关部门提了意见、建议。这提意见、建议算是有信心呢，还是算积极性？这提意见和建议跟上面说的信心、积极性有什么关系，纠缠得不清不白。其实这是两层意思，不能混在一起说。

前后矛盾，又叫前后冲突。一层意思在前边讲过了，后边再讲的时候，把前边的忘了，因此说了些跟前边发生矛盾的话。现在报纸上、杂志上有不少这种情况，这里不一一举例了。

学术论文的逻辑性特别重要。逻辑有两条重要法则：归纳和演绎。必须充分占有材料，经过分析归纳，然后引出结论，才是正确的。如果先立结论，然后寻找例证，则是错误的。我们常说帝国主义的"强盗逻辑"，就是因为它的大前提是错误的。

通俗性（普及性）的文章，也有逻辑性的问题。通俗性的文章，必须做到深入浅出。其实，学术性的文章最好也尽可能做到深入浅出。但是我常说：深入不易，浅出更难。深的道理用浅的话来说，尽可能避免专门术语，往往容易损害文章的科学性。所谓科学性，在某种意义上说，也就是逻辑性。必须你自己对那个道理懂得十分透彻，然后用浅话说出来才不会错。写深入浅出的文章的人，就是有群众观点的人。文章发表后，将对广大群众产生有利的影响。但是必须保持文章的科学性和逻辑性，否则结果和作者的愿望相反，将对读者产生不良的影响。

三、语言的美

《老子》说:"信言不美,美言不信。"拿今天的话来说,就是
"真话不美,美话不真"。这是《老子》的哲学观点。对语言修养
来说,完全不是这样。我们是在真和善的基础上,进行语言文字
的艺术加工,使它美。这就能做到语言既真又善、又美。

1962 年 10 月 9—11 日《光明日报》上发表了我的《略论语
言形式美》,这篇文章后来收入《龙虫并雕斋文集》第一册。文章
中讲到了整齐的美、抑扬的美、回环的美。有同志批评我说,照
你的说法,八股文应该是最美的文章了。其实我是在真、善的基
础上,要求形式美的。

我应该加一"美",就是生动的美。对诗来说,也就是形象思
维。你看,毛主席的《长征》诗:"五岭逶迤腾细浪,乌蒙磅礴走泥
丸。金沙水拍云崖暖,大渡桥横铁索寒。"是多么生动的形象啊!
毛主席的《登庐山》诗,"冷眼向洋看世界,热风吹雨洒江天。云
横九派浮黄鹤,浪下三吴起白烟。"又是多么生动的形象啊! 毛
主席的《忆秦娥·娄山关》词:"西风烈,长空雁叫霜晨月。霜晨
月,马蹄声碎,喇叭声咽。"又是多么生动的形象啊!

在散文中,也要有生动性。毛主席说文章有三性,就包括生
动性在内。毛主席在《反对党八股》一文中,说党八股的第四条
罪状是语言无味,面目可憎,像个瘪三。这就是要求语言主动。
毛主席的文章所用的语言就很生动,他的一句名言"放下包袱,
开动机器",不是用最生动的语言来讲最深的道理吗?

第二节　语言的选择

一、什么话好听

"什么话好听"？关于这个，我们想撇开个人的特长不讲。有些口才很好的人，口齿清楚，咬字正确，不太快，不太慢，他们的话自然比一般人的话好听些。但是这只是由于天才或修养得来的，并不是一种本来好听的话。在一般人的心目中，总以为世界上有一种或几种最好听的话，譬如说某一国的话比另一国的话好听，某一省的话比另一省的话好听，甚至于说某一村的话比另一村的话好听，等等。我们现在要问：所谓好听的话，有没有客观的标准？一种话之所以被认为好听，是因为它本来好听呢，还是因为咱们先存着成见呢？

咱们得先承认：成见总是免不了的。因此，没有一个人肯承认自己的方言难听，相反的情形倒是有的，人们往往自夸，以为自己的方言是世界上最好听的一种话。苏州人常说："宁愿听苏州人相骂，不愿意听宁波人说话。"这种说法自然是由于苏州人的主观，宁波人一定不肯承认的。可见习惯的力量很大，不合习惯的东西自然很容易被认为是坏的。譬如您学会了英国话而不懂法国话，自然会觉得英国话比法国话好听些。又譬如您听见两个黑人在谈天，除非您在非洲住过，或者有机会学过非洲话，否则您一定会觉得他们的话怪难听的。《孟子》书里所谓"南蛮缺舌之人"，"缺舌"二字只是中国人的偏见，南蛮的人何尝不觉得中国话是"缺舌"呢？

人们又有一种趋炎附势的心理：乡下人以为城里的话好听，小城镇的人以为大都市的话好听，这又是另一种成见。由于这一种成见，很多人都觉得国语是一种好听的话。这对于国语的推行是有利的。但是，国语之所以好听，如果有客观的标准的话，决不因为它是国语，而是因为它有令人觉得可爱的地方。

上面说过，人们往往觉得自己的方言好听，这自然是一种成见。但是，当甲乙两个地方的人谈起第三种方言的时候，他们对于那种方言的好听或难听，似乎很容易同意。由此看来，似乎也有多少客观的标准在里头。依我们平日观察所得，中国人所认为好听的话，是大致依照下面的几个标准的：

第一，平均声调比较地高，就被认为比较地好听。这里所谓高，自然是音乐上所谓高。北平话、苏州话、梅县话等等，都是合乎这个条件的。普通所谓声音太浊，往往就是指平均声调不够高而言。

第二，声音相当地长，没有促音，就被认为比较地好听。一般官话都是合乎这个条件的。所谓促音有两种：一种是字尾的促音。例如吴语、闽语、粤语和客家话的入声字；另一种是字头或字中间的促音，人们生气的时候说话往往用这种声音。字尾的促音还不大要紧，字头或字中间的促音，就往往令别的方言区域的人听了发生一种不愉快的感觉。常听人家说某某地方的人说话像吵架，就往往是因为字头或字中间的促音太多的缘故。

第三，每一个字都依照单念的时候，很清楚、很正常地说下去，没有含糊的字，也没有轻轻地带过去的声音，就被认为比较地好听。法国的人讥笑英国人说话不清楚，就因为英国话里的声音轻重变化太大了。在这点上，南方人往往觉得是北平土话的一个缺点。因此，在南方人听起来，北平知识界的人的话比车夫小贩的话好听些，因为带"儿"的字少些；甚至于觉得南方人学得来的北平话比纯粹的北平话好听些，因为他们不曾完全学会了北平话里的轻声字，就是轻轻地带过去的声音。我们常听人家说最好听的不是北平话，而是江浙女子的北平话。这也许就因为江浙女子学国语学得好的时候，可以得到北平话的优点，而又没有北平土话那些带惰性的地方。

第四，开口字特别多的方言，有时候也给人们一种好听的感觉。所谓开口字，就是口张得很大才念得出的。例如苏州话里"高""好""老""少"一类的字音，有些人觉得好听。又如昆明人说的"买菜"二字，人们往往觉得比重庆人说的"买菜"二字好听些，因为昆明人念得更开口些。但是，这一个标准并不像前面那三个标准那样普遍适用，有些人恰恰相反，觉得太开口的字音特别难听，所以有些苏州人住在上海的，往往有意避免用苏州音念"高""好""老""少"，而把它们念成上海音。

由以上所说的话看来，某一方言的好听或难听，似乎有多少相当客观的标准。但是，客观之中仍不免有主观，因为这些标准是寄托在民族的歌唱习惯上头的，现在分别讨论如下：第一，在中国的旧戏里，是以高音为尚的。青衣和小生固然是唱高音，连老生和武生所唱的也往往超出男高音以上。高的程度随着地方而不同，例如广东戏还不算很高，北平戏就够高的了，桂戏和滇戏的青衣歌音简直高到了尖锐的程度。歌音不高的只有花脸，而花脸所扮演的却大部分是奸臣或粗人。而且据戏剧界人说，除非欣赏旧戏程度很高的人，才会赏识花脸的歌喉，在这以高为尚的歌唱习惯之下，自然大家觉得平均声调较高的方言是清脆好听的了。

第二，普通歌唱的字音总比说话的字音长些，这是《书经》所谓"歌永言"。普通说话，虽然不必像歌声那样拉长，然而太短促也是不好听的。语音的长短虽也由于个人的习惯，但方言里的字音也是有长短的差别的。例如北平的阳平声，就比重庆阳平声长。促音更是往往不便于入歌，因此，促音在语言里，很不容易显得好听。尤其是没有促音的方言区域的人，听起来更是觉得刺耳了。

第三，歌音里虽也偶然有轻声，但是那种轻声是一段话连下去的，不像语言里的轻声。因此，一个英国字如果包括两个音段，说话时本该把一个音段念重，另一个音段念轻，但是到了唱歌的时候，却应该一律重念了。同理，北平话尽管把"张家"二字念成一重一轻，如果把它们唱起来，"家"字也就不能再轻了。由此看来，一般人不大喜欢那些轻重不均的话，也可以说是有民族歌唱习惯上的根据。

第四，越是开口的字，越是适宜于歌唱。因此，北平戏的韵脚多数是发花辙和怀来辙，其次是江阳辙、言前辙、梭波辙、遥迢辙,最少用的是衣期、姑苏、叠雪等辙。一个方言里,如果开口字太少,就令人觉得气不舒畅似的。不过,如果某一方言里包含着许多极端开口的字,也有人会觉得不顺耳。因为极端开口的字,有时候会令人觉得"肉麻"或装腔作势。所以开口的字只要适中就好了。

由此看来,所谓好听的话都可以拿旧戏的标准来解释。旧戏里的道白是和歌词相配合的,而道白也可以说就是社会上所认为最好听的话。咱们知道,北平戏里的道白是崇尚高音的,是不用急促的声音和轻声的,正合上面所说的第一、第二、第三三个标准。有了这种民族歌唱的习惯做根据,关于什么话好听或难听,就不至于漫无标准了。

然而这种相当客观的标准却是有地域性的,有民族的特质的。中国人觉得好听的话,外国人不一定觉得好听,因为各民族的歌唱习惯既不相同,语言的结构也相差很远。外国人不会欣赏中国人所认为好听的话,和他们不会欣赏谭鑫培、梅兰芳的戏就是一样的道理。说到这里,咱们可以明白:所谓好听的话,在民族的习惯上虽有相当客观的标准,在语言学的本身上仍然是没有什么标准可言的。

这个问题,乍看虽然似乎很简单,其实牵涉的范围很大:心理、生理、声学、乐理,都有关系。

二、把话说得准确些

文章有三性:准确性、鲜明性、生动性。所谓准确性,就是语句合乎语法,合乎逻辑,没有歧义,不致引起读者的误解。

缺乏准确性的句子,大致可以分为四类:

第一类是不合语法。有时候是动词和宾语搭配不当。例如:

> 只有这样,才能防止财务大检查不走过场。

"防止"的宾语应该是"走过场",不是"不走过场"。

有时候是主语和谓语搭配不当。例如:

> 在火光硝烟中,只见二十名伤亡的越军被抬着、背着从阵地上仓惶逃下山去。

主语是"伤亡的越军",谓语是"仓惶逃下山去",这话显然是不准确的。不但死亡的越军不可能逃跑,重伤的越军也是不能逃跑的。

有时候是人称代词使用不当。例如:

> 全国企业整顿领导小组负责人今天向记者发表谈话,称赞浙江海盐衬衫总厂厂长步鑫生是一个顺应时代潮流……企业家。他希望全国各地企业的干部都要学习他的精神……

第一个"他"字没有歧义,第二个"他"字指的是步鑫生。但按语法讲来,这第二个"他"字承上文第一个"他"字而来,应仍是指那个领导小组负责人,就有歧义了。第二个"他"字改为步鑫生,就清楚了。

第二类是不合逻辑。例如:

> 如今,随着党的十一届三中全会以来各项方针、政策的落实,城乡广大人民生活水平提高,电视机正在成为千家万户的必需品,这种状况变成历史了。

是什么状况变成历史了?电视机正在成为千家万户的必需品,怎么忽然变成了历史?作者原意是远承上文,上文说到群众"围观"和"引领观看"电视,这里所谓变成了历史,指的是群众"围观"和"引领观看"的状况。按逻辑说,这种句子是不通的。又如:

> 这种方法(指酒精法)往往把一部分合格羊奶误认为"坏奶",养羊户只好将这些奶用来喂猪或当肥料,浪费了羊奶资源。

把羊奶称为"资源",显然是不通的。"坏奶"加上引号,也是多余的。又如:

各种音乐杂志和报刊,也出版了她二百多首歌曲。

"出版"应改为"发表"或"登载"。一本书由出版社印行,才叫"出版"。又如:

> 过去,这个居委会的刑事案件多,民事纠纷多,环境卫生差……。一年来,这个居委会的面貌有了很大的改变。

这里所说的"居委会",实际上是指这个居委会所管辖的地段。居委会和居委会管辖的地段是两个不同的概念,不能等同。像上面那种说法,那是把居委会所管辖地段存在的问题,说成是居委会这个组织机构存在的问题了。又如:

> 十五辆……越野车和小型卡车,从上海陆路沿长江而上,行程两千多公里,于二十五日驶进四川省成都市。

既是车,走的是陆路,就不能沿长江而上,因为没有一条公路沿着长江到成都市的。又如:

> 尼泊尔首相洛肯德拉·巴哈杜尔·昌德今晚在这里说,发展中国家和第三世界国家必须努力建立世界情报和通讯的新秩序。

这里把发展中国家和第三世界国家并列是不对的。第三世界国家多属发展中国家,而发展中国家可以说都是第三世界国家。又如:

> 实行这个分配住房的办法,还查出不该搬入新房的住户一百三十四家,从而减少新建住宅六千七百平方米。

已经新建了,怎么能减少呢?作者原意是说可以少建住宅六千七百平方米。又如:

> 北京大学等全国一些高等院校和内蒙古大学等单位的科技人员合作……

内蒙古大学也是高等院校,不该与北京大学分开来说。"全国"二字也是多余的。又如:

> 科技人员成功地研制出供猪、鸡、鱼、兔等各种家畜家禽所需要的饲料配方。

"鱼"不是家畜,也不是家禽。

第三类是生造词语。例如:

> 对那些淫诲的东西,我们坚决反对。

"淫诲"可能是"淫秽"之误，也可能是"诲淫"之误。作者说成"淫诲"，是生造词语。

第四类是滥用成语。例如：

> 王善保在《朝阳沟》中扮演的栓保，在《小二黑结婚》中扮演的小二黑，在《人欢马叫》中扮演的吴广兴等形象，栩栩如生，深受广大群众喜爱。

成语"栩栩如生"，一般指绘画中的人和动物，意思是说虽然是画的，好像是"生"的。至于演员所扮演的人物，演员本来就是"生"的，怎么还说"如生"呢？

以上所举诸例，一般常识都能判断其错误。作者稿子写好后，反复多看几遍，也可能发现其错误的。

要把话说得准确些，并非难事。主要是要讲究逻辑思维。语言合乎逻辑，也就准确了。

三、语言的化装

语言与观念是表里两面，语言是能表者，观念是所表者。依理论说，每一个能表者只该与一个所表者相当，每一个所表者也只用得着一个能表者，这是所谓语言的统一性（univocity）。狭义的语言统一性专指文法成分之变化一致而言，广义的语言统一性兼指一切观念的表号而言。就中国语而论，它既没有屈折作用，这里所谓语言统一性当然是广义的。北京人管猴子叫"猴子",苏州人叫做"活猴",广州人叫做"马骝",这都是合于语言统一性的,因为一物只有一名。假使苏州人把猴子叫做"活猴",同时又叫做"马骝",一物而有两名,语言统一性就被破坏了。

人造的语言(如 Esperanto 与 Zdo)都是趋向于语言统一性的,这适足以间接地证明自然语言缺乏统一性。同是一句话,既可以这样说,有时也可以那样说;同是一件物事,既可以这样称呼,有时也可以那样称呼。换句话说,一个所表者有时也用得着许多能表者,在这许多能表者当中,必有一个是族语原有的,拿服装来做譬喻,这可以叫做语言的常装。此外,或不是族语所原有,或虽可算为原有而不是最普遍的说法,都可叫做语言的化装。至于文字,是所谓书写的语言(graphical language),所以文字里如果有这种情形,也可称为语言的化装。就普遍说,文字中的化装,比口语更甚;文学作品中的化装,比科学作品更甚。

就心理作用说,化装乃是观念间接的表现。在未说话以前,我们在脑子里先打好稿子,这叫做语像(verbal image)。语像里所有的,该是我们最熟悉的语言;依照语像说出来,该是语言的常装。当我们要化装的时候,可说是把语像中我们所最熟悉的语言再加以翻译,所以是间接的表现。由此看来,化装往往是比常装麻烦些,人们为什么还要化装呢?大致说起来,可以有下列两个原因:

1. 为炫耀而化装。这里头包括写古体字、用古语、用洋语、自创新词新句等,手段虽则不同,目的却是一样的。目的能否达到,要看手段是否高超,又要看对话人或读者的程度如何而定。

就一般情形而论,炫耀确有多少效果。一般人总不免喜欢新奇,讨厌平凡,化装也是避免平凡之一道。不过这种化装的标准很难确定。说中国话而每句带英国字的人未必是化装,十句当中只有一个英国字的人也许恰是化装。有些人为了环境的关系,对于英语比中国话更为熟悉,说话时,脑子里先有英语的语像,然后译为中国话说出来,那么每句话所带的英国字反该叫做原装或常装。另有一些人,和英国人说话时,脑子里也先打中国话的稿子,然后译为英语说出来,当他说中国话的时候,自然不该再杂着英语,不然就是矫揉造作,化装了。但这种比较只是深究说话人的心理作用的说法,在旁人看来,在常语中杂着非常语(如运用古语、洋语等)总当作化装看待的。

2. 为忌讳而化装。凡能引起恐怖、羞惭、恶心的语言,往往用得着化装。明明是开刀,医生为避免病者恐怖起见,喜欢叫做"施手术"。明明是死,一般人宁愿说是"升仙"。当一位妙龄女郎向你谈及某男与某女接吻的时候,她宁愿说某人 kiss 某人,不大愿意说某人与某人接吻,更谈不到"亲嘴"。又当她告诉你某男与他的女友已经"很要好很要好了"的时候,你该懂得她这"很要好"乃是另一个动词的化装。一般人把拉屎称为"大便",也因为"大便"一词不像"拉屎"那样引起恶心。这是语言上的"朝四暮三主义"。分明是名异而实同,然而事实上却有若干功效,因为语言既非熟习,就不容易引起恐怖、羞惭、恶心的潜在回忆。然而等到这化装的语言本身变为常语的时候,又须要另外化装了。从"亲嘴"转到"接吻",最初本有避免羞惭的功效,后来

"接吻"也变了常语，再要避免羞惭，只好借用洋语了。从"拉屎"转到"出恭"，最初是很文雅的，尽足以避免恶心；后来"出恭"也变了常语，只好改用"大解""大便"等词；现在这"大便"也变了常语，所以江浙的妇女们又新创"到小间"一类的字眼了。

此外，有三种情形不能认为化装：第一，是外来词的借用。例如"手续"一词，只是外来语，不是化装，因为中国常语里没有一种字眼可与"手续"相当。一切科学上的名词，不是我国所原有的，都不算是化装，只算是借装。我们本来没有这东西，又需要它，只好借用，并不是本有此物而偏要用舶来品。第二，是隐喻法(metaphor)与拐弯法(periphrasis)。例如以"花"喻美人，以"故都"代北平，以"万物之灵"代人之类，说话人与听话人都不觉得二者的涵义完全相同，因为"花""故都""万物之灵"除了令人知道是美人、北平、人之外，还可令人有其他的联想。第三，是语言的变迁。例如广州忌讳"猪肝"("肝"与"干"同音，而"干"字在粤语里有囊空如洗之意)，改称"猪润"("干"的反面是"润")，广西南部改称"猪湿"("湿"也是"干"的反面)，自从改称之后，原语已经作废("猪肝"只存于文言中，但我直至十三岁还不知道"猪湿"就是"猪肝")，这该称为服装的改革，不是化装。

现在把语言化装的种类略为分析并讨论如下：

(一)古装

凡是写古体字、用古语，都可称为古装。中国数千年来的文学是提倡古装的。所谓言必雅驯，大半指的是古装。古人用过的字眼而现代口语里不用的,特别显得"古雅"。前辈讲究作文章,几乎有一半功夫用在这上头。例如称"公公婆婆"不如称"公婆",称"公婆"不如称"翁姑",称"翁姑"不如称"姑嫜"或"舅姑",不喜欢写"公婆"。"姑嫜"见于杜甫《新婚别》,"舅姑"见于《礼记》,该是"舅姑"比"姑嫜"古得多,然而除了经学家及小学家之外,普通人不会觉得"舅姑"比"姑嫜"更雅。恰恰相反,有些人会觉得"姑嫜"比"舅姑"雅些,因为"舅姑"的"舅"字,意义虽与现代的意义不同,到底现代口语里还存着一个"舅"字,至于"嫜"字则为现代口语所无。由此看来,一般人之爱好古装,与其说是崇拜古人,不如说是故意避免口语。

假使从头到脚都是古装,自然是无可訾议的。我们虽则提倡以现代汉语表达现代思想,但如果偶然以古代语表达旧思想,甚至以古代语表达现代思想(只要表达得出),都是作家的自由。不过,现代的文言文大半都不能达到全副古装的地步,常常在峨冠博带之间加上手表、眼镜之类,或在西装衣裤下面穿一双古鞋,不免令人有太不协调的感觉。固然,古装与现代装束之间的界限并不十分显明,古装在现代再流行起来(如"牺牲""矛盾""瓜分"之类),也就算是现代装束。有时候,某种意思只有文言中某词适宜于表达,也犯不着努力避免它。但是,我们总该努力朝着一方面走,为环境所限,我们很难学会全副古装,而且也没有学习的必要,所以我们应该努力讲究"时装"。现代还有些中学国文教员教学生拼命学习古文,恰像自己免不了戴手表、眼镜,而偏要把峨冠博带传给门徒。

（二）洋装

上文说过，中国借用许多外国的新名词不算化装，那么，属于化装方面的乃是与中国固有语完全相当的外国语。例如不说鱼而说 fish，不说驴而说 donkey，才算真正的化装。但这种真正的化装在口语里也许不少，在文字上却不多。甚至从外国借来的新名词，中国人还喜欢改头换面，使它们与本国出品相似。例如 telephone 初译为"德律风"，后改为"电话"（瑞士汉学家斐安理曾著一书专论此类事实），后者很像中国原有的名词。

但是，就词汇方面说，虽则很少由中装化为洋装的，若就文法方面而论，洋装就常见了，这就是所谓欧化的句子。欧化有故意和无意两种。为了修辞起见，故意把中国句子改装为欧式，这是故意的欧化。西书读得多，西文写得多，不知不觉地养成了西洋的语言习惯，写起中文来，也不知不觉地杂着西洋的文法，这是无意的欧化。无论有意无意，旁人总觉得是化装。不过，无意比有意总好些，因为有意化装往往化得太过火了。有些青年自己没有熟习西洋语言，却专门学欧化的句子，有时弄得很别扭。

（三）奇装异服

这是指自己创造的新名词而言。语言本是社会的产品，个人是不能创造语言的。但是，在某一些条件之下，个人可以创造语言中一极小部分：第一，创造新词新句的人在文学界有相当权威；第二，所创造的词句须与族语的机构不发生重大冲突；第三，新词新句须是极少数量。例如只有一个名词,或一个短句,杂在一篇文章里,而且常常用它,跟着又有许多人用它,于是它渐渐冒充族语的一个部分,为一般人所采用了。

奇装异服,大半是以炫耀为目的。文学家喜欢炫耀,所以文艺作品里更多奇装异服。其目的能否达到,就要看创造者的才力如何,与能否符合上述几个条件而定。恰如我们在大街上看见有些奇装异服是可爱的,另有一些是令人作呕的,文艺作品里的奇装异服也不能一概而论。

前面所述的为炫耀而化装,固然包括着三种装束;就是为忌讳而化装,也不能出于这三种装束之外。由"亲嘴"化装为"接吻",是古装;由"接吻"化装为 kiss,是洋装;由"拉屎"化装为"出恭""大解""大便""到小间",是奇装异服。

既然语言的化装以文艺作品中为最多,下面我想专就文艺讨论:语言的化装能不能提高文艺的价值?

要答复这问题,我们仍旧应该回到语言与观念的关系。语言是能表者,观念是所表者。文艺思想乃是某一些观念的绵延。因此,我们很容易明白,文艺的价值是建立在所表者上头的,不是建立在能表者上头的。能表者是躯干,所表者是灵魂。而文艺作品之所以足贵,自然在灵魂而不在躯壳。我在上文说,为炫耀而化装确有多少效果,这是就一般人的感觉而言,然而文艺作品的真价值是不能由一般人随便估定的。眼光锐利的读者将忽略了你的语言形式,以求认识你的真思想;他们将漠视你的躯壳,而透视你的灵魂。

再说，化装纵然有效果，也只是暂时的。无论古装、洋装、奇装异服，都有一旦变为常装的可能。谁敢担保将来"接吻"不会像"亲嘴""香面孔"一般俚俗？费几天功夫研究出来的一个新词或新句，也许不到几时就成为"陈词"。惟有思想的价值是永久的，语言的化装至多只能炫耀一时。仅仅知道欣赏杜甫、嚣俄[①]、拜伦的奇字奇句的人，乃是程度最低的欣赏者，在某一些情形之下，甚至可说是走入魔道的读者。

"以艰深文浅陋"，这一句老话很值得深思。如果思想高超，便用不着艰深；如果思想浅陋，拿艰深晦涩的语句来掩饰，也逃避不了锐利的眼光。有时候，倒反因为艰深晦涩而引起一般读者的不快。喜欢化装的文艺作者说："我这是所谓曲高和寡。"是真的"曲高"吗？恐怕人家只说是"耍花腔"！

这一议论并未损及修辞学本身的价值。恰恰相反，选择适当的思想表现法，使思想非但可由语言完全表达，而且特别巧妙地表达，这才是文学家运用语言的好手段。然而化装与修辞乃是迥不相同的两件事：化装只是改头换面，修辞却是把语像润饰成为巧妙的结构，然后说出来或写下来。文艺的技巧固然值得提倡，然而什么是技巧必须先弄清楚。

四、观念与语言

凡有语言学常识的人，都知道语言的武断性。语言学家戴•索胥(F. de Saussure)把语言称为"能表者"，把思想称为

[①]编者注：嚣俄为民国早期对法国著名作家雨果(hugo)的译法。

"所表者"，同时又说明能表者和所表者之间并没有必然的关系。这里所谓没有必然的关系，只是说语言初形成的时候是如此，并不是说语言里各成分像一盘散沙，毫无系统。不过，语言既是富于武断性的，则"能表者"的可能形式当然很多，各民族在用语言表达思想的时候，即使思想完全相同，表现的方式也绝不相同。语音方面，某语音表示某思想，各民族之间大相径庭，这是大家很容易感觉到的。至于未发言以前语像的不同，就很少人注意到了。语像之不同，有关于语法方面的，有关于词汇方面的。这里专门从词汇方面来谈一谈观念与语言的关系。

观念和观念的相通，在各民族的心理上并不一致。这种不一致的情形，在各族语的词汇上可以充分表现出来。首先应该论到的是语言上的譬喻法（metaphor）。像"山脚""瓶口""锯齿"之类，以脚譬喻山之低处、以口喻瓶之进物处、以齿喻锯之锯物处，似乎是全人类都有同感的。但是，英国人说"针眼"（the eye of a needle），德、法人并不这样说；中国人说"伤口"，英、法人也并不这样说。"山脚"这一个名称，似乎很普通了，但是，据柏龙斐尔特（L. Bloomfield）说，在 Menomini 语里，山而有脚，却成为无意义的话。西洋人称无耻而聪明的人为"狐狸"，风骚的女人为"猫"，中国并没有这种说法；中国人称男色为"兔子"，纵妻卖淫的人为"乌龟"，西洋也没有这说法。

字的本义和引申义的关系，也是观念相通的表现。但是，某一字的引申义，在某一民族里视为当然的，在另一民族看来，往往不知其所以然，甚至百索不得其解。例如法语 respirer 本义为呼吸,引申义为渴望,非但中国人不如此引申,连英国人也不如此引申。又如名词 condition 的原始义为地位,辗转引出条件一义;动词 suppose 的原始义为假设,辗转引出包含 imply 的意思。在中国人看来,地位与条件、假设与包含,两个观念之间应该没有相通之理。即如英文 need 字,既作缺乏解,又作需要解,虽然缺乏和需要二义极可相通,但是中国原来并非一字。又如 charming 一字本为以邪法惑人的意思,引申为可悦,中国虽也有"美色迷人"之说,却不像西洋那样用于正经的方面。再拿中国字为例:例如"须"字,它由待的意义(《诗》"卬须我友")引申到用得着的意义(《汉书》"不须复烦大将"),再引申到应该的意义,本是颇自然的演化,但是在英、法语里,"待"的观念,并没有和应该的观念相通的痕迹("道"字情形与此相仿)。又如"仇"字,由仇匹引申为仇雠,二人相偶,易成怨仇,这也有其演化之理;然而西洋在这源上头也并不相通(法文 duel 与此相似,但决斗之 duel 出自拉丁文 duellum,双数之 duel 出自拉丁文之 du lis,并不同源)。再举一个例子:"写好了信、炒好了菜"的"好"字表示完成,英文的 good、well,法文的 bon、biu,都是没有这种引申的。

　　有些字虽有两个以上的意义,这些意义是否同源不可详知,于是这两个观念在民族心理上是否相通也不可知。例如 air 表示空气,又表示曲调,又表示神态。key 表示钥匙,又表示音乐上的基调。subject 表示臣民,又表示题目。在这种不可详考的情形之下,我们只能暂时认为各不相通。中国语此类例子甚多,如"仁义"的"仁"与"桃仁"的"仁"、"麻木不仁"的"仁","介胄"的"介"和"此疆尔介"的"介","仔肩"的"仔"和"仔细"的"仔","征伐"的"伐"和"矜伐"的"伐",都只好认为 homonyms 或 homographs;但是,这只是暂时如此判断,并不敢断定它们绝不相通。试举法语 grevel 一词为例,一为沙滩,一为罢工,两个观念似乎绝不相通。然而经 Darmeateter 的考证,巴黎有一个广场名叫 Greve(即今 Hotel-de-Uille),这广场是沿着塞纳河的沙滩的,而昔日工人又在此地等候登记,所以沙滩和罢工有了这一座桥梁,就此相通了。试以中文为例,如"任"字通"妊"(《史记》"纣剖任者"),似与"责任"的"任"绝不相通,但如果我们知道"任"有抱负的意思(《诗》"是任是负"),就明白由负担演化为妊娠和责任是多么自然的趋势了。

以上讨论的是从语言上看观念之相通,各民族并不一致。以下我们还要举出另一件事实,也是各民族不一致的,就是在表示同一事物的时候,其观念也常有综合与分析的不同。

本来,古今的语言相比,也常有分析与综合的歧异。"犊"是小牛,"阈"是门槛,"耕"是种田,"汲"是打水,"举"是拿起来,"置"是放下去。一国之内方言相比,也有同样的情形:粤语叫做"粥",官话叫做"稀饭";上海叫做"蛇",北平(今北京)叫做"长虫"。但是,若拿甲乙两族语相比,尤其是不同系的语言相比,这种参差的情形,尤为显著。wiek 是灯心或灯草,mason 是泥水匠,shave 是刮胡子,smoke 是吸烟,这是中文分析而英文综合的例子。"柴"是 bois a bruler(英文 firewood 也是分析而成的合成字），"兄"是 frère aîné，这是中文综合而法文分析的例子。

　　观念的分析，有很合理的。例如小牛之于"犊"，刮胡子之于 shave；也有颇难索解的。例如"打水"的"打"字。暹罗人称"蜜"为"蜂水"，称油为"肥水"，称"乳"为"胸水"，在别的民族看来，已经觉得奇怪；至于他们称"意"为"心水"（namchai），"水"字更是奇中之奇。但是，我们所感觉的"奇"，在他们是"平平无奇"，因为许多地方可用风俗习惯甚至于宗教来解释的。不过，我们似乎觉得有些族语偏于综合，有些族语偏于分析。例如暹罗人把"河"也称为"水母"，其偏于分析的特征是显然的。

　　越是范畴分得细，越是用综合的观念。当我们的祖先把小牛叫做"犊"的时候，几乎可说是不把犊和牛看作同类的东西。《说文》里以"猲"为短喙犬，以"猃"为长喙犬，以"猈"为短胫犬，只是追加的释词，其实在语言初形成的时候，未必把它们认为同类。西洋人把鼠分为 rat 和 mouse 两种，在原始的时候，一定是把它们的分别看得很大，然后定出毫不相干的两个字来。这种情形，和某一民族的风土人情大有关系。依《说文》马部所载，马类有种种名称，如马白色黑鬣毛为"骆"、马深黑色为"骊"之类，不下数十种，这足以表示这是畜牧时代的遗迹。据说阿拉伯有几千个字来表示种种的骆驼，却没有骆驼的总名，这一则可见阿拉伯人的生活和骆驼的关系太密切了，二则可见语言形成的初期，阿拉伯人并没有把这几千种骆驼认为同属一大类的感觉。另有些语言里，对于棕榈，有许多名称，却没有一个总名，也是这个道理。有些民族没有"洗"字，只有"洗手""洗脸""洗身"等名称，也因为他们把洗手的动作和洗身、洗脸的动作认为差别很大的缘故。我们中国话之所以把"兄"和"弟"、"姊"和"妹"、"伯"和"叔"分得十分清楚，正因为在上古的宗法社会里，长幼之序甚严。中国的"秧""稻""谷""米""饭"五字，在安南只有 lua（秧、稻、谷）、gao（米）、com（饭），而在英文更只有 rice 的总名。这正足以表示中国和安南为产米之国，恰和阿拉伯是产骆驼之国一样。

观念的分析和综合，语法学家最看得清楚。例如 pirate 虽可译为"海贼"，然而 pirate 是一个词，是综合的观念；"海贼"是两个词，是分析的观念，不能相提并论。但是，若撇开语法的立场，专从语言的功用来说，综合和分析却是异途而同归。说分析的语言胜于综合的语言固是荒谬，若说综合的语言胜于分析的语言，也有失真理。记得杂志上记载某君的言论，他因中国只有"胡子"一词和英文 beard、moustache 二词相当，就断定中国的语言是贫乏的；其实我们之所以不要分得这样细，大约因为现代中国人留胡子的太少了。试看中国上古以留胡子为美观的时代，我们有"髭""须""髯"的分别，比英文还要分得细呢！

由上所说，我们知道，在语言的表现上，观念与观念之间并没有必然的关系。在语言的结构上，则有综合和分析的分别，但这综合和分析可以说是先天的，就是先在民族的心理上生了根，先在观念上形成综合或分析的语像，然后发为语言。总之，观念与语言的关系，是由各民族的风俗习惯、宗教文化决定的。我们只应该在这上头比较它们的异同，无论在语言学本身或社会学上都有裨益，却不应该从它们的异同地寻找民族的优劣或语言的丰富或贫乏的证据，因为这是徒劳无功的。

第三节　逻辑和语言[①]

在社会生活中，人们要互相交际，交流思想，就必须运用逻辑和语言。逻辑和语言是既有联系又有区别的。认识这两者的关系，会有助于我们自觉地选择恰当的词句来表达我们的思想，有助于我们从逻辑方面来分析不同词句中所包含的思想，提高我们运用逻辑和语言的能力。

在这里，拟就下列几个问题作一些分析，这些问题是：思维和语言的统一性；思维和语言的区别；概念和词；判断和句子；推理和复句；思维的发展和语言的发展。

一、思维和语言的统一性

逻辑是关于思维的形式和规律的科学。要谈逻辑和语言的关系，必须先谈一谈思维和语言的关系。

思维和语言是有机地联系着的，不可分割的。语言是在人的劳动过程中和思维一起产生的，没有思维就没有语言，"语言是思想的直接现实"[②]。假使人类没有思想，则语言的存在不但

---

①逻辑和语言的问题所包括的范围很广，本节所讲的逻辑和语言的关系，只是讲形式逻辑，而且主要只是讲演绎逻辑和语言的关系，也就是讲概念、判断、推理和语言的关系。

②马克思、恩格斯《德意志意识形态》，《马克思恩格斯全集》第三卷第525页。

没有必要，而且没有可能。没有语言也没有思维，思想"只有在语言的材料底基础上"才能产生①。思维的过程实际上是一种自言自语，不过一般不发出声音来罢了。

语言对人类思维的发展有着重大的意义。斯大林说："有声语言在人类历史上是帮助人们从动物界划分出来、结合成社会、发展自己的思维、组织社会生产、与自然力量作胜利斗争并达到我们今天所有的进步的力量之一。"②又说："语言是直接与思维联系的，它把人的思维活动的结果，认识活动的成果，用词及由词组成的句子记录下来，巩固起来，这样就使人类社会中思想交流成为可能的了。"③这种"记录"极为重要，假使没有词和句子，人类思维活动的结果就无从继承下来。恩格斯说："'物质'和'运动'这样的名词无非是简称，我们就用这种简称把许多种不同的可以从感觉上感知的事物依照其共同的属性把握住。"④生产越发展，科学越进步，人类的抽象活动能力就越高，我们在进行思维的时候，并不须要对每一事物的属性都加以概括；由于文化的积累，概念都由词记录下来，像"物质""运动"等词，它们吸收并保存了人类数千年来所获得的知识。思维和语言的相互依存，由此得到很好的证明。

思维和语言是不可分割的，资产阶级唯心主义者不承认这个真理。杜林说："谁要是只能通过语言来思维，那么他就不懂

---

① ② 斯大林《马克思主义与语言学问题》第38、46页，人民出版社1957年。
③ 同上书，第20页。"记录"原译"记载"。
④《自然辩证法》第197页，人民出版社1955年。

得什么是抽象的和纯粹的思维。"恩格斯批评他说:"如果这样,那么动物就是最抽象的、最纯粹的思维者,因为他们的思维永没有因语言的讨厌的干涉而弄得模糊。"[1]法国唯心主义哲学家博格森认为,逻辑思维并不能帮助我们理解现实,同时以为思想和词是不相称的,有了词反而妨碍了思想的表达。

大家知道,马尔也是把思维和语言分割开来的。马尔认为:人们的交际,不用语言,而藉助于完全摆脱语言的"自然物质"和完全摆脱"自然规范"的思维本身就可以办到。斯大林说他陷入了唯心主义的泥坑[2]。

在中国,分割思维和语言的唯心主义观点,突出地表现在文字学上。汉字被认为是一种表意文字,这个名称容易令人产生一种错觉,以为汉字是直接表示概念的。有些文字学家在讲述文字时透露了这种观点,甚至明白表示了这种观点。汉字如果是直接表示概念的,那么人们的思想就不须通过语言来表达,同时也不须藉助于语言来进行思维。实际情况并不是这样,汉字尽管不是拼音文字,它仍旧代表着有声语言中的词,它并没有脱离词的中介而去直接表示概念。文字是语言的符号,文字被称为"书面语言",这个名称是非常恰当的。我们写文章的时候,所谓构思,实际上是正在进行默语;我们读书的时候,即使是默读,读的也正是有声语言中的词。书面语言的出现,是人类文化上划时代的一个历史阶段,它助成了人类思维的发展。但是它始

---

①恩格斯《反杜林论》第 85 页,人民出版社 1956 年。
②斯大林《马克思主义与语言学问题》第 38 页,人民出版社 1957 年。

终只是有声语言的代表,它不能直接表示概念。思维和语言的相互相关性仍然是不容否认的。

二、思维和语言的区别

语言和思维是统一的,但是我们不能把它们等同起来。资产阶级唯心主义者或者是把两者割裂开来,或者是把两者等同起来,割裂和等同,都是错误的。

等同的结果有两种可能:或者是从逻辑出发,片面地强调人类逻辑思维的共同性,宣传所谓普遍语法;或者是从语言出发,片面地强调民族语言的特点,硬说各民族的思维形式是互不相同的。

法国保尔－罗亚尔学派在 1662 年编写了一部《保尔－罗亚尔逻辑》(又名《思维的艺术》),接着在 1664 年又编写了一部《普遍语法》(全名是《普遍的合理的语法》)。这两部书差不多同时出版,这不是偶然的。在保尔－罗亚尔学派看来,人类的逻辑思维既然是共同的,语法也应该是共同的,不合于人类的共同逻辑思维的也就是不合语法的。这种理论的影响很大,某些语法学家,即使不是直接受保尔－罗亚尔学派的影响,在唯心主义思想指导下,实际上也是这样看待语法的。马建忠在他的《马氏文通》后序里说:"钧是人也,天皆赋以此心之所以能意,意之所以能达之理,则常探讨画革旁行诸国语言之源流,若希腊若辣丁之文词而属比之,见其字别种而句司字,所以声其心而形其意者,皆有一定不易之律,而因以律夫吾经籍子史诸书,其大纲盖无不同。于是因所同以同夫所不同者，是则此编之所以成也。"马建忠看见了人类思维的共同性，这是正确的一面，但是由此推理出人类语法的普遍性，那就错了。世界各国不同民族的语言，它的语法虽有某些类似或共通之处，但是各有它的特点；特别是不同语系的语法，其间的差别更大。语言学家研究语言的种类越多，越证明了所谓普遍语法是不存在的。

每一民族语言有它自己的特点，这是事实。唯心主义语义学派却由此认为，各个民族之间，不但在语言形式上是有差别的，而且在思维形式上也是有差别的。这样，唯心主义语义学派在各民族间建立了围墙，似乎民族间的思想交流是不可能的。实际上，语言和语言之间，思想表达方式的不同，主要是语言的民族风格的问题，而不是思维形式本身有什么不同。

马克思主义认为：思维的形式和规律是世界各民族所共同的。不同的民族，只要正确地运用思维的形式和规律，它们就可以相互交流思想、翻译彼此的语言。马克思主义又认为：语言的形式和规律是富有民族特点的。斯大林说："共同的语言是民族的特征之一。"①语言的民族特点是历史的产物。因此，在不同源的语言之间，差别很大；在同源的语言之间，差别就小些；"近亲"的语言，差别就更小一些。同一语言，在不同的历史时期，也各自有其特点。这就是说，在民族特点的基础上还要加上历史特点。把不同民族、不同时期的语法归结为同一类型，这是缺乏历史主义观点的。总之，把思维和语言等同起来是错误的，把逻

①《马克思主义和民族问题》，《斯大林全集》第二卷第 292 页，人民出版社 1953 年。

辑和语法等同起来也是错误的。

三、概念和词

概念和词是密切联系着的,但是不能混为一谈。

概念由词记录下来,巩固起来。正如离开了语言就没有思维一样,离开了词就没有概念。每一个概念都有一个词或词组跟它相当。

但是,我们不能倒过来说,每一个词都有一个概念跟它相当,有些词并不代表概念。代表概念的词,是能充当逻辑主语和逻辑谓语的词,即语法上所谓实词;不代表概念的词,是不能充当逻辑主语和逻辑谓语的词,即语法上所谓虚词。虚词如介词、连词、叹词以及语气词等,它们是所谓语法成分。虚词的作用在于表示词与词的关系(介词)、句与句的关系(连词)、说话人对语句所表达的事情的态度(语气词),甚至只表示感叹的声音(叹词),它们在句子中只起辅助作用,而不能独立地指称事物、性质和行为。从逻辑方面看,虚词是在判断和推理中才用得着的,它并不是一个概念①。不过,虚词在词汇中只占很少的数量,所以我们仍旧可以说,词一般是代表概念的。

概念和词的关系是相当复杂的。同一个词可以在不同的上下文表示不同的概念,这是所谓多义词。例如汉语中"伐木"的"伐"不同于"讨伐"的"伐","风雨"的"风"不同于"作风"的"风"。同一个概念也可以用不同的词来表示,这是所谓同义词。例如

---

①这一个问题是存在着争论的。

"肥皂"又叫"胰子","衣服"又叫"衣裳"。一个概念可以用一个词表示，也可以用一群词（词组）表示。例如"帝国主义"是一个词，"资本主义的最高和最后的阶段"是一个词组。词又可以带着感情色彩，如褒义词、贬义词、爱称等。这些感情色彩，是超出了概念的范围之外的。

概念的语言表现形式是随民族而不同的，每一种语言都具有自己的语音特点和语法特点。概念和词的根本区别就在这里，词通过概念反映客观现实，词义不可能是任意的。但是，具体语言中的一个词，其所以采用这个语言形式而不采用别的语言形式，从最初形成的情况说，则不可能不是任意的。唯心主义语义学派把语言和思维等同起来，由语言的任意性引出反动的结论，以为词义也是任意的，是人们从意识中臆造出来的，不能反映客观现实。这是为帝国主义服务的反动学说，是反科学的学说[1]。但是，如果因为词义不是任意的，从而得出结论，以为语音也不是任意的，那又错了。解放前有一位江谦先生写了一部《说音》，企图证明语音和词义的关系不是任意的。他说："然外国语亦世界方言耳，以心理生理之同，而因声托意，不能无合同之点。此殆所谓自然者非耶?"[2]这种观点是完全错误的。不

---

[1] 参看张世英《美国现代资产阶级哲学的主要流派:逻辑实证论——语义学唯心主义》,《人民日报》1961 年 8 月 4 日第七版。

[2] 江谦《说音》第 28 页,中华书局 1936 年。著者拿英语和汉语比较,找出"易知而音训通"的词 175 个为例,其中有 away：违、back：背、book：簿、dish：碟、ear：耳、easy：易、father：父、few：微、fly：飞、give：给、like：类、man：民、pair：匹、soon：速、table：台、we：吾、word：文、yes：俞、yet：抑,等等。

过,语音、语法的任意性也只是就其来源而论,至于词的形式在语言中固定下来以后,它也就不再是任意的了。因此,词的语音特点和语法特点,必须认为是民族的历史产物,各民族有自己的历史,也就有自己的语音特点和语法特点。

由于概念在民族间是共同的或相通的,语言的翻译才成为可能。由于具体的词在民族间是采取不同的语言形式的,语言的翻译才成为必要。在翻译的问题上,概念和词的区别是非常明显的。

某些具体概念也有民族特点。主要是外延广狭的不同。某一概念在甲语言里是外延较狭的,译成乙语言可能是外延较广的。例如汉语的"兄",在俄语里是 старший брат,在英语里是 elder brother,在法语里是 frère aîné;汉语的"弟",在俄语里是 младший брат,在英语里是 younger brother,在法语里是 frère cadet。在这一类词上,在汉语里只用一个词来表示,在俄语、英语、法语里须用两个词来表示。"兄"和"弟"的外延较狭,内涵较深,брат 的外延较广,内涵较浅,所以不能一致。有时候,甲语言里的几个概念,译成乙语言还只有现成的一个概念跟它们相当,粗译,这样对译也就算了;如果要求译得精确,就不能不再加定语。例如汉语的"稻""谷""米""饭",译成俄语、英语、法语都只有一个词跟它们相当(рис、rice、riz),如果要译得精确,只能把"稻"译成"连根的 рис",把"谷"(南方人所谓"谷")译成"带壳的рис",把"米"译成"去壳的 рис",把饭译成"煮熟的 рис"。有时候,在甲语言里是两个独立的概念,在乙语言里只是一个概念。

例如俄语的 крыса、мышь，英语的 rat、mouse，法语的 rat、souris，在汉语里只有一个"老鼠"跟它们相当。如果要区别开来，只好译成"大种的老鼠"和"小种的老鼠"。"兄""弟"和 брат 的比较，"稻""谷""米""饭"和 рис 的比较，是外延广狭的问题；крыса、мышь 和"老鼠"的比较，在说俄语、英语、法语的人看来，这是两个不同的概念，不是外延广狭的问题，但在说汉语的人看来，仍旧是外延广狭的问题。

在动词和形容词方面，如果拿不同语系的语言作比较，也都有一些概念交叉的现象。这里不讨论了。

某些具体概念的民族特点也是历史形成的。对于某些语言现象，可以从民族的社会特点或生产特点去追溯它们的原因。汉族宗法制度的特点之一是长幼有序，所以兄弟必须分别清楚。汉族以稻为主要谷物，所以有必要把种在地里的、收在仓里的、碾过的、煮熟的，一一区别开来。越南的社会特点和生产特点和汉族近似，所以在越南语里，兄弟区别为 anh、em[①]，稻区别为 lúa（稻、谷）、gạo（米）、cờm（饭）。当然我们也要注意语系的关系。"兄弟"这个概念在印欧语里自始就是单一的，它的原始形式假定是 bhrātor（梵语 bhrātar），这就说明了为什么在俄、英、法等语里不但概念一致，连语音也是有着对应规律的。

这一切都不妨害这样一个论断：概念在民族间是共同的或相通的。概念是反映客观现实的，不可能是随民族而异的。外延的广狭，内涵的深浅，以及概念的交叉，这些都是各民族语言

---

① em 又表示"妹"。"妹"也可以称为 em gai，即"女弟"，以区别于"弟"。

独立发展的自然结果，不是本质的差别。

四、判断和句子

判断和句子的关系，也是互相联系而又互相区别的。

首先在逻辑和语法这两门科学所用的术语上，我们可以看得出判断和句子的密切关系。"命题"本是逻辑学的术语，在拉丁语是 propositio，原意是摆在前面、摆在眼前。英语保留 proposition 作为逻辑学的术语，专指判断的语言形式，即"命题"，而对于"句子"则称为 sentence，这样就把逻辑学上的"命题"和语法学上的"句子"区别开了。但并不是所有的语言都这样区别开的。法语除了用 phrase 来指称"句子"之外，还用 proposition 来指称"分句"；至于法国人所谓独立的 proposition，实际上就是独立的"句子"。俄语用 предложение 摹写了 propositio，索性把"命题"和"句子"合而为一。"主语"在拉丁语是 subjectum，原意是摆在下面的东西；"谓语"在拉丁语是 prædicatum，原意是说出来的东西。英语的 subject、predicate，法语的 sujet、prédicat 都是同时用作逻辑术语和语法术语的。俄语既继承了拉丁语，说成 субъект、преликат，又摹写了拉丁语，说成 подлежащее、сказуелмое，这样正好成为两套，拿前一套作为逻辑术语，后一套作为语法术语。但是，在苏联的逻辑学界，这两套术语也不是截然分开的。至于"系词"，无论英语、法语、俄语，都是兼用于逻辑和语法的，不过俄语在语法上用得更为常见罢了①。这些术语的通用，一方面说明了两门科学的历史瓜葛，另一方面也说明了判断和句子之间的确有它们的共同之点。

苏联的逻辑学教科书往往强调判断成分和句子成分之间的差别。这是由于俄语语法上所谓"谓语"与逻辑上所谓"谓语"的定义不完全符合，又有"逻辑主语"和"语法主语"的差别，所以这种辨别是重要的。在汉语里，这个问题是次要的。

依照一般逻辑教科书的说法，每一个判断都包括三个部分：主语、谓语和系词。例如"帝国主义是资本主义的最高和最后的阶段"，这是一个判断，其中的"帝国主义"是主语，"资本主义的最高和最后的阶段"是谓语，"是"是系词。在汉语里，系词一般是用"是"字表示的。现在我们要问：是不是每一个判断和句子都必须包括主语、系词、谓语这三个部分呢？换句话说，是不是一定要有系词呢？在判断和句子的关系上，这倒是一个重要的问题。

在历史上，许多逻辑学家把逻辑和语法混为一谈，他们认为，不但每一个判断应该包括这三个部分，而且每一个句子也应该包括这三个部分。他们把动词分为两类：一类叫做存在动词，就是系词"是"字；另一类叫做属性动词，指的是一般动词。后者之所以被认为属性动词，是因为在这些逻辑学家看来，这种动词

---

①这些术语在汉语里的译名是相当混乱的。同是一个 predicate，在逻辑学上译为"宾词"，在语法学上译为"谓语"。在语法学上也有人译为"宾词"的，例如李立三同志在《马克思主义与语言学问题》中把 сказуемое 译为"宾词"。此外，无论在逻辑学上或语法学上也都有译成"述语"的。这种混乱现象必须改变过来。

一方面表示主语的属性，一方面还隐藏着"是"字。例如"鸟飞"应该了解为"鸟是飞"，"马跑"应该了解为"马是跑"，"我爱"应该了解为"我是爱"，"你听"应该了解为"你是听"。这种解释是违反语言实际的。直到今天，还有人在讲逻辑的时候，以为在没有系词的句子里必须把系词补充起来，然后成为判断形式。例如"美国侵略古巴"，应该了解为"美国是侵略古巴的国家"。这也是不符合语言实际的，这两句的涵义并不是完全相等的。

我们可以举出大量的语言事实来证明句子并不是必须有系词的，甚至在所谓名句（以名词或形容词作谓语的句子）中，也不一定用系词。在上古汉语里，"乡原，德之贼也"这一类句子是典型的名句，其中并没有系词。即以印欧语而论，印欧语正常的名句是不用系词的，梵语和古希腊语的名句一般都不用系词；直到今天的俄语，现在时的"是"字在口语里是不用的，尤其是第三人称复数现在时的 суть，在现代文学语言里早已不用，所以有的逻辑学家认为只能在判断的公式里用它，不能在举实例时用它。至于所谓动句，更是和系词风马牛不相及。我们说"美国侵略古巴"，只是肯定了侵略这一件事实，并不需要把"侵略"认为隐含着系词，也不需要补充什么系词。

判断三分法，是亚里士多德传下来的传统逻辑公式。其实现代逻辑学家也有使用二分法的，那就是像现代汉语语法书上所说的那样，把判断只分为主语和谓语两部分，如果有"是"字，也把它归到谓语里去，这样，判断的形式（命题）就和句子的形式一致起来了。

我个人认为,在判断的公式中放一个系词是完全合理的,只是不要把系词看得太死,不要在没有系词的实例中硬说它隐含着系词或省略了系词。系词的原意是在两个概念中间建立关系,是表示肯定这个关系(若加否定词则是否定这种关系)。公式中放着这个系词,正是表示逻辑思维的形式,但若硬塞到具体句子里来就不对了。在这里,我们可以明显地看出判断和句子的联系和区别。

所有的判断都必须表现为句子的形式,这是肯定了的。思维不能离开语言而存在,判断也就不能离开句子而存在。现在我们倒过来问:是不是所有的句子都表示判断呢?这是一个比较复杂的问题。

逻辑所研究的是人类思维的形式和规律,它不关心表现情感和意志的语言形式。因此,纯粹的感叹句如"天哪"!祈使句如"来吧"!"请你倒杯茶我喝"!都不构成判断。纯粹的疑问句如"他是谁"?"今天星期几"?"他是从什么地方来的"?也都不构成判断。感叹句、祈使句、疑问句之所以不构成判断,是因为这些句子所表达的无所谓真实和虚假。如果是无疑而问的反诘句或带着肯定意味或否定意味的感叹句,自然又当别论。这样一来,一般只有直陈句可以充当逻辑学上的命题。有些逻辑学家还认为,并不是所有的直陈句都表示判断,例如诗歌和小说中的形象描写,就很难说它是判断。由此看来,判断和句子的区别还是相当大的。

判断没有民族特点,而句子则是有民族特点的。前面说过,就许多语言的实际情况来看,命题中的系词是可有可无的,甚至是没有的。逻辑学上所谓命题,在很大程度上取消了民族特点,使各民族语言多样化的句子成为同一的类型。"所有的 s 都是 p""任何一个 s 都不是 p""有些 s 是 p""有些 s 不是 p""s 或者是 p,或者是 p_1""s 或 s_1 是 p"等等,其中有些命题在汉语口语中说出是相当别扭的。逻辑学上所谓命题一般都用现在时,语言的时的变化不能充分表现出来,又没有分词,没有被动式等等。语言的语法范畴和各种感情色彩,都不是判断所关心的。这样就更加突出了判断和句子的区别。在概念和词的关系上,语音最富于民族特点,语法的民族特点不很多,甚至没有什么民族特点;在判断和句子的关系上,语法最富于民族特点。至于语音的民族特点,那不过是伴随着语法而来的(如语调等)罢了。

五、推理和复句

推理是和复句或句群相当的。不是任何句子摆在一起都能构成推理,推理要有连贯性。

在推理的问题上,思维形式和语言的统一性最大,但是也还不能完全等同起来。就拿演绎推理来说吧,大家知道,在日常谈话中,甚至在正式的文件中,用的常常是简略的推理,略去大前提、小前提,或者是略去结论,尤其是前两种情况最为常见。略去大前提的推理,常常是把结论放在前面。例如:"我们反对现代修正主义,因为现代修正主义是为帝国主义服务的。"当然结论也可以放在后面。例如:"现代修正主义是为帝国主义服务

的,所以我们反对现代修正主义。"略去小前提的推理。例如:
"超额完成生产计划的人应该受到表扬,所以我们表扬他们。"至
于略去结论的推理,在书面语言中是比较少见的,在日常谈话中
则比较多见。例如:"星期一上课,今天星期一。"

推理在语法中的表现,也有一些民族特点。汉语里的按断
句和申说句都是略去大前提的推理,它们不用连词"所以"和"因
为",而且词句也不完全合于逻辑公式。例如《红旗谱》327页:
"你是党教育出来的孩子,党不能放开你不管。"这是汉语里的按
断句,没有用"所以"。又如《红旗谱》177页:"兄弟去探狱,也被
逮住了;兄弟也是共产党员。"这是汉语里的申说句,没有用"因
为"。按断句和申说句,又往往用反诘句来表示。例如《红旗谱》
3页:"不是咱自个儿事情,管的那么宽了干吗?"又如《红旗谱》
181页:"天黑了,还去干吗?"有些推理在口语里采用一种非常
灵活的方式,不但不具备三段论法的形式,甚至判断的形式也不
完全。例如:"可不是吗? 干就得像个干的样子,都是小伙子。"
逻辑学家也许不承认这是推理,但这是人民群众的日常推理方
式。逻辑推理和具体语言的区别,在这里又得到了证明。

六、思维的发展和语言的发展

最后,我想谈一谈逻辑思维的发展和语言的发展。这个问
题太大了,这里要谈的只限于逻辑思维的发展在语言中的反映。
在这个较狭小的范围内,也只能举若干实例作一些分析。

随着社会的发展、生产的发展、科学的发展,人类的逻辑

思维是逐步向前发展的。语言的发展，在一定程度上也反映了逻辑思维的发展。但是，我们不能把问题简单化了，有些语言事实的演变，只能从它的内部发展规律去说明，或者从社会对语言的影响去说明，而不能认为是逻辑思维的发展在语言中的反映。

概念外延的广狭，常常是反映了社会的需要（参看上文），我们不能说，外延较狭的概念是高级思维，反映到语言里成为词汇丰富的语言。例如从前有人说英语能把胡子分为 beard（下胡子）和 moustache（上胡子），这就证明了英语的词汇丰富，表现力强，为汉语所不及。这种看法显然是错误的。胡子要不要区别为更细的概念，这完全是由于社会交际的需要。汉族男子在古代还没有剃胡子的风俗。古乐府《陌上桑》说"行者见罗敷，下担捋髭须"，可见这些挑着担子走路的男子都是有胡子的。胡子长得好，算是美男子的特点之一，所以《汉书》称汉高祖"美须髯"，《三国志》也称关羽"美须髯"。胡子对古代汉族是那样重要，所以在语言表现为三种胡子：嘴唇上边的叫"髭"，下巴底下的叫"须"，两边的连腮胡子叫"髯"。到了后代，中年以上才留胡子。至于现代，老年也不一定留胡子，因此就没有必要分为三种胡子了。我们不能由此得出结论说，英语（以及其他西洋语言）比汉语更富于表现力，更不能说古人的逻辑思维比现代更加高级。

系词的产生，也丝毫不能证明逻辑思维的发展。先秦时代汉语有没有系词，这一个问题虽然还有一些争论，但是先秦的判断句（以名词为谓语的句子）一般不用系词，则是无可否认的事实。有人说，汉族到了春秋战国时代，思想已经很发达了，不应该还没有系词。也有人企图从汉语系词的从无到有的情况下，去寻找思维发展的线索。事实上，汉语系词的从无到有，只是汉语按照内部发展规律而发展的结果，和逻辑思维的发展无关。否则很容易得出结论说，有系词的语言是高级语言，没有系词的语言是低级的语言。事实上，我们要看语言的发展与否，应该以它能否表达丰富严密的思想为标准，而不应该以缺乏某种语言形式为标准。今天的俄语应该说是够丰富严密的了，但是它在名句的现在时是一般不用系词的。今天的汉语也应该说是够丰富严密的了，但是它只在判断句用了系词，而在描写句（以形容词为谓语的）则至今还是不用系词。一种语言是否有系词，决定于民族特点和历史特点；如果认为人类逻辑思维发展到了较高阶段就会有系词出现，那是不正确的。

但是，人类的逻辑思维终究是随着社会的发展而发展的，我们如果不承认这一点，那也是不对的。

大家知道，演绎推理有一个"所以"，这个"所以"在古代汉语里表现为"故"字。这种"故"字，并非经常表现着演绎推理的，特别是在先秦时代。《论语·季氏》篇有这样的一段："丘也闻有国有家者，不患寡而患不均，不患贫而患不安。盖均无贫，和无寡，安无倾。夫如是，故远人不服，则修文德以来之。既来之，则安之。"邢昺说："夫政教能均平和安如此，故远方之人有不服者，则当修文德,使远人慕其往化而来,远人既来,当以恩惠安存之。"①由此看来,"均平和安"是被看做是"修文德"的前提的,而从演绎逻辑看,"均平和安"实际上不能成为"修文德"的前提。这种语句,意思是可以看懂的,但是从形式逻辑的观点看,则是缺乏逻辑性的。汉代以后,特别是唐宋以后,这种情况渐渐减少了,人们的逻辑思维是逐渐发展了。

语言的概括性和连贯性的逐步增强,也是人们逻辑思维逐步趋于完善的重要标志之一。在汉语史上有许多例子足资证明。这里只讲概念、判断、推理和语言之间的关系,所以关于语言的概括性和连贯性的问题就不再谈了。

第四节　语言与文学

语言与文学的关系,分为四个问题来讲:语言是文学的第一要素、词汇与文学、语音与文学、语法与文学。

一、语言是文学的第一要素

高尔基说:"语言是文学的第一要素。"没有语言就没有文学。最好的文学作品,都是用最优美的语言写成的。语言修养是文学家的起码条件。

我们要学好现代汉语。现代文学作品都是用现代汉语写成的。文字不通顺,就写不出好的小说、剧本、诗歌、散文来。不知

----

①见《十三经注疏》下册第 2521 页,世界书局 1935 年。

道有多少青年文艺工作者，只因文字不通顺，他们的作品被扔进文艺杂志编辑部的字纸篓里。

我们要学习人民的语言，工人的语言、农民的语言、小市民的语言，我们都要学，学生腔是用不上的。我们说文学家要深入生活，我认为，学习人民的语言，也是深入生活的一方面。惟有用人民的语言描写人民生活，才能使作品有生活气息。赵树理熟悉农民的语言，老舍熟悉小市民的语言，所以他们描写的农民、小市民是那样生动、传神。

我们要学好古代汉语，古代汉语有许多修辞手段，我们今天还用得上。其次，我们研究中国文学史，更不能不学好古代汉语。否则，连古文、古诗都看不懂，怎能研究文学史呢？

二、词汇与文学

这里讲的主要是形象思维的问题。形象思维是文学问题，也是语言问题。形象思维是用具体形象来构思，表现为语言则是多用具体名词，少用抽象名词。《诗经》的比兴，是形象思维的实践。后来"兴"发展为触景生情，情景交融，托情于景。抒情诗如果没有形象，就是最坏的抒情诗。诗的意境，也靠具体形象来表现。杜甫《秋兴》诗："丛菊两开他日泪，孤舟一系故园心。"就是从丛菊和孤舟这两个景物寄托他的思乡之情，假如他简单地说"离家两年了，我很想家"一类的话，就味同嚼蜡了。甚至讲哲理的诗，也离不开形象思维。例如朱熹的《观书有感》诗："半亩方塘一鉴开，天光云影共徘徊。问渠那得清如许？为有源头活水来。"这里有池塘,有镜子(鉴),有天光,有云影,有源头活水,而他所要表达的意思是,每天看书都领会到许多新的道理,好像有源头活水的清池,照得心里亮堂。这样说才有诗意,是一首好诗。如果用抽象的话说出,就不成其为诗了。

《文心雕龙》用相当大的篇幅讲形象思维的道理。它说(《神思》):"故思理为妙,神与物游。"又说(《比兴》):"诗人比兴,触物圆览。物虽胡越,合则肝胆。"又说(《物色》):"山沓水沓,树杂云合。目既往还,心亦吐纳。春日迟迟,秋风飒飒。情往似赠,兴来如答。"这是中国古代文论中的形象思维论,值得我们好好地领会。

形象思维也并不都是好的,庸俗的比喻就表现诗格的卑下。例如明世宗《送毛伯温》诗:"大将南征胆气豪,腰横秋水雁翎刀。……天上麒麟原有种,穴中蝼蚁岂能逃?太平待诏归来日,朕与先生解战袍。"这种诗只有小学生的水平,是毫无诗意的诗了。

三、语音与文学

我在我的《略论语言形式美》里,指出语言形式美有三种:第一是整齐的美;第二是抑扬的美;第三是回环的美。这里先谈抑扬的美和回环的美。

诗是让人朗诵的,古人叫做吟,因此诗和语音的关系非常密切。抑扬的美和回环的美,是诗歌所必须具备的语言形式美。

抑扬的美和音步有关,也和节奏有关。西洋诗以轻重音为

抑扬,中国旧体诗以平仄为抑扬,平仄相间为节奏。例如:

半亩—方塘—一鉴—开,

仄仄—平平—仄仄—平

天光—云影—共—徘徊。

平平—仄仄—仄—平平

问渠—那得—清—如许?

平平—仄仄—平—平仄

为有—源头—活水—来。

仄仄—平平—仄仄—平

每句有四个节奏点(四个音步),平仄相间,构成抑扬美。

古代骈体文也讲究平仄。例如王勃《滕王阁序》:

老当—益壮—宁移—白首—之心?

平平—仄仄—平平—仄仄—平平

穷且—益坚—不堕—青云—之志。

仄仄—平平—仄仄—平平—仄仄

新诗的节奏不是和旧体诗的节奏完全绝缘的,特别是骈体文和词曲的节奏,可以供我们借鉴的地方很多。已经有些诗人在新诗中成功地运用了平仄的节奏。现在试举出贺敬之同志《桂林山水歌》开头的四个诗行来看:

云中的神啊,雾中的仙,

神姿仙态桂林的山!

情一样深啊,梦一样美,

如情似梦漓江水。

把这四句话压缩为两句,不就是合乎律诗平仄的"神姿仙态桂林山,如情似梦漓江水"吗?

回环的美,指的就是诗韵。诗行的韵脚,是同韵的字(主要元音和韵尾相同)来来回回的重复,所以叫做回环的美。抑扬的美和回环的美,都是音乐美,诗歌和音乐是息息相关的。

为了欣赏古代诗歌的语言形式美,我们须要懂得古韵和古代声调。不但《诗经》《楚辞》的古韵和今韵不同,唐宋诗词的韵脚读音也和今韵不同。例如贺知章《还乡偶书》:"少小离家老大回,乡音无改鬓毛摧。儿童相见不相识,笑问客从何处来。"依今天普通话朗诵,"回""摧"属灰堆辙,"来"属怀来辙,不能形成回环的美;如果照唐读音,"回"[ɣuai],"摧"[dzuai],"来"[lai],就押韵了。又如杜牧《山行》:"远上寒山石径斜,白云生处有人家。停车坐爱枫林晚,霜叶红于二月花。"依今天普通话朗诵,"斜"属乜邪辙,"家""花"属发花辙,不能形成回环的美;如果照唐代读音,"斜"[zia],"家"[ka],"花"[xua],就押韵了。

唐宋的声调,也不同于现代普通话的声调。在现代普通话里,入声消失了,原来的入声字转入阴平、阳平、上声和去声,转入阴平、阳平的字就和律诗的平仄不合。例如:

银烛吐青烟，金樽对绮筵。（陈子昂）

楚山横地出，汉水接天回。（杜审言）

野含时雨润，山杂夏云多。（宋之问）

不知香积寺，数里入云峰。（王维）

兵戈不见老莱衣，叹息人间万事非。（杜甫）

风急天高猿啸哀，渚清沙白鸟飞回。（杜甫）

玉露凋伤枫树林，巫山巫峡气萧森。（杜甫）

爆竹声中一岁除，春风送暖入屠苏。（王安石）

在有入声的方言区域（吴方言、粤方言、闽方言、客家话）里，人们朗诵唐宋律诗就占了便宜，因为这些方言还保存了入声。

在某些散文里，作者也着意使它韵文化。有散文化的韵文，如苏轼的《赤壁赋》；也有韵文化的散文，如范仲淹的《岳阳楼记》。苏轼《前赤壁赋》："'月明星稀，乌鹊南飞'，此非曹孟德之诗乎？西望夏口，东望武昌，山川相缪，郁乎苍苍，此非孟德之困于周郎者乎？"这是散文化的韵文。范仲淹《岳阳楼记》："至若春和景明，波澜不惊。上下天光，一碧万顷。沙鸥翔集，锦鳞游泳。岸芷汀兰，郁郁青青。而或长烟一空，皓月千里，浮光耀金，静影沉璧，渔歌互答，此乐何极！登斯楼也，则有心旷神怡，宠辱皆忘，把酒临风，其喜洋洋者矣。"这是韵文化的散文。

律诗的平仄，在唐宋八大家的散文中也常常用得上。例如王安石《读孟尝君传》：

世皆称—孟尝君—能得士，

仄平平—仄平平—平仄仄

士以故—归之，

仄仄仄—平平

而卒赖—其力，

平仄仄—平仄

以脱于—虎豹—之秦。

仄仄平—仄仄—平平

嗟乎！

平平

孟尝君—特鸡鸣—狗盗—之雄(耳)，

仄平平—仄平平—仄仄—平平

乌足—以言—得士？

平仄—仄平—仄仄

不然—得—士焉，

仄平—仄仄—平平

宜可以—南面—而制秦，

平仄仄—平仄—平仄平

尚取—鸡鸣—狗盗—之力哉！

仄仄—平平—仄仄—平仄平

鸡鸣—狗盗—之出—其门，

平平—仄仄—平仄—平平

此士之—所以—不至也！

仄仄平—仄仄—仄仄仄

这基本上是平仄相间，节奏分明。古人对散文也是要求朗诵的，所以要讲究声韵。古人所谓"声调铿锵""掷地当作金石声"，就是这个道理。

由上所述，我们可以知道，要更好地欣赏古典文学，就必须略懂声韵。语言与文学的密切关系，由此可见。

四、语法与文学

语言的整齐的美，指的是对仗。不但律诗有对仗，古体诗和词曲也有一些对仗。不但骈体文有对仗，散文也有对仗。《文心雕龙》有《丽辞》篇，就是专讲对仗的。

对仗，就是名词对名词，动词对动词，形容词对形容词，数量词对数量词，虚词对虚词。同一词类放在前后两句的同一位置上，所以是语法问题。例如白居易《钱塘湖春行》诗："乱花渐欲迷人眼，浅草才能没马蹄。""乱"和"浅"是形容词对形容词，"花"和"草"、"人"和"马"、"眼"和"蹄"是名词对名词，"迷"和"没"是动词对动词，"欲"和"能"也是动词对动词，"渐"和"才"是副词对副词。

诗人们还把名词分若干小类，如天文、地理、时令、宫室、动物、植物、形体等。同一小类相对，叫做工对。上面所引白居易诗的例子，就是工对的典型。明白了这个道理，我们就知道杜甫《咏怀古迹》"画图省识春风面，环佩空归夜月魂"，为什么不说成

"……月夜魂"了。

在律诗中,常常有一些特殊语法形式。最常见的是一种不完全句,就是只有名词性词组,没有谓语。例如:

极浦三春草,高楼万里心。(贾至)

浮云游子意,落日故人情。(李白)

渭北春天树,江东日暮云。(杜甫)

江汉思归客,乾坤一腐儒。(杜甫)

高鸟长淮水,平芜故郢城。(王维)

山中一夜雨,树杪百重泉。(王维)

有时候,一句中包含两个分句,一个是不完全句,一个是完全句。例如:

泉声咽危石,日色冷青松。(王维)

香雾云鬟湿,清辉玉臂寒。(杜甫)

晓月过残垒,繁星宿故关。(司空曙)

五言律诗只有 40 个字,为了言简意赅,常常要用不完全句。七言律诗虽有 56 个字,不完全句也不少见。例如:

旌旗朝朔气,笳吹夜边声。(杜审言)

少妇今春意,良人昨夜情。(沈佺期)

云里帝城双凤阙，雨中春树万家人。（王维）

落日澄江乌榜外，秋风疏柳白门前。（韩翃）

春风鸾镜愁中影，明月羊车梦里声。（戴叔伦）

三五夜中新月色，二千里外故人心。（白居易）

绕郭烟岚新雨后，满山楼阁上灯初。（元稹）

屏上楼台陈后主，镜中金翠李夫人。（温庭筠）

蝴蝶梦中家万里，杜鹃枝上月三更。（崔涂）

万里山川唐土地，千年魂魄晋英雄。（罗隐）

秋风万里芙蓉国，暮雨千家薜荔村。（谭用之）

古代汉语有一种使动词，如"生死人而肉白骨"里的"生"和"肉"。这种使动词在律诗中也常见。王安石的名句"春风又绿江南岸"，其中"绿"字就是一个使动词。使动词是由名词、形容词和不及物动词变来的。现在再举几个例子：

黄云断春色，画角起边愁。（王维）

山光悦鸟性，潭影空人心。（常建）

回风醒别酒，细雨湿行装。（岑参）

感时花溅泪，恨别鸟惊心。（杜甫）

使动词也能起言简意赅的作用，所以律诗中常常用它。

以上所讲，可见语言与文学的关系非常密切。我们要学好文学，必须先学好语言。

第五节　语言的规范化和通俗化

一、语言规范化

汉语是汉族人民的语言。大家知道,共同的语言是民族的特征之一。因此,汉民族的共同语言正是汉民族的基本标志之一,资产阶级语言学家一方面不得不承认使用汉语的人口在世界上占第一位,另一方面又污蔑我们的民族,他们硬说汉语这个名称指的是许多种互相听不懂的语言合成的语群(布龙菲尔德《语言论》第44页)。他们否认我们有共同的语言,就等于不承认我们同属于一个民族。这显然是一种胡说。事实上,我们有几千年共同使用的书面语言,它标志着汉族人民的稳定的共同体。再说,像汉族这样一个拥有五亿五千万以上人口的民族①,方言较多和分歧较大都是很自然的现象。听懂的程度有高低,这是事实,但是拿汉语方言互相比较着看,语言基本上是相同的,词汇的差别是不大的,语音又有对应的规律,决不能说是互相听不懂的许多种语言。

在肯定汉民族有共同语言这一件铁一般的事实的同时,我们还必须指出,汉族共同语还没有走完它的最后的成熟阶段——有充分的统一的规范的阶段,我们还需要在统一的书面语言的基础上,建立统一的有声语言(口头语言)。

———————————

①编者注:这是1955年时的统计数字。

在社会主义建设过程中,中国人民对统一语言的要求是空前的迫切了。我们知道有许多这样的事实:高等学校的毕业生分配到不同方言的区域去工作,有些人感觉到语言上不习惯,常常想念家乡;有些人甚至因为"不懂话"而耽误了事情,结果只好调职。在工厂里和基本建设工地上,由于各方言区的工人都常常在一起工作,普通话的要求已经提到日程上来了。在农村里,由于某些工作人员是外省人,农民们也要求学会普通话。至于部队里,士兵来自四面八方,统一语言的重要性,尤其显得迫切。再说,在人民的政权下,很多老百姓都有可能在全国性的会议上发言,那也非用普通话不可。马克思主义者对于语言,除了把它认为是人们交际的和交流思想的工具之外,还认为是使人们在一切活动中调整其共同工作的工具。可见如果没有这个交际的工具,就不可能调整我们共同的工作。在日常生活中,由于方言的隔阂,听错了一个字就买错了一样东西,这是相当常见的事。假使这个被听错了的字,恰巧是生产事业上最关键的字,那就势必招致不应有的大损失。这些都是语言不统一的害处。再从积极方面说,当我们朝着社会主义的大道迈进的时候,我们要采取一切有效的方法来发展生产,社会主义生产离不了集体生活,集体生活离不了共同的语言。中国是一个多民族的国家,在建国的共同事业上,也应该有一种民族间共同使用的语言。因此,新中国人民对统一语言的要求是完全正确的,是必须尽可能迅速地加以满足的。

在中国共产党的领导下,我国的语言工作者和教育工作者在展开汉语规范化的工作。所谓规范化，就是要求民族共同语更加明确、更加一致。过去我们对书面语言只要看得懂就行了，对有声语言只要求听得懂就行了，现在看得懂、听得懂还不算，我们还要求汉语有一定的规范。

表面上看来，汉族共同语的成熟还没有走完它的最后阶段，我们就忙着搞规范化的工作，好像是急了一点；实际上我们正是应该这样做，因为如果有了人人了解的明确规范，就更能促使汉民族共同语加快完成它的最后阶段。由于全国文化经济的突飞猛进，全国方言已经逐渐向北京话集中。汉语规范化工作不是妨碍它们集中，而是帮助它们集中，因为明确的、一致的规范，正是高度集中的表现。

在开展汉语规范化的工作过程中，我们可能遇到一些思想障碍。现在举出几种比较普遍的思想来谈一谈：

第一种思想障碍是怕吃亏。一个广东小孩说："为什么不要北京人学广东话，而要广东人学北京话呢？"这个小孩心直口快，说出了他的真心话。实际上有不少人也这样想，以为提倡北京音的普通话是北方人上算，特别是北京人上算，南方人吃亏。同时也确实有一些语言学者强调不折不扣的北京话，令人误会标准的现代汉语就是地方色彩很浓的北京土话。如果地方色彩很重的北京土话拿来作普通话的标准，那就犯了语言上的自然主义的毛病了。但是普通话的标准也不可能是凭空杜撰出来的，必须有一种活生生的方言作基础。从政治、经济、文化各方面的条件来说，北京话都足够具备基础方言的资格，而从几百年的事实特别是近几十年的事实来看,汉民族共同语的形成已经确定无疑地走上了这一条道路。广播、电影、话剧的用语,字典的注音,很多小学校的汉语教学,都早已采用北京话作标准。除非我们不要求语言统一,否则各地的方言必须向北京话看齐。这上头没有吃亏不吃亏的问题,有的只是要不要统一语言的问题。

第二种思想障碍是怕行不通。怀着这种思想的人们错误地以为将来会用强迫命令的方式来实行汉语规范化的工作,其实这种顾虑是多余的。所谓规范化,决不是强迫人们说话都死板地遵守一定的格式,说错了要处罚;它只是采取潜移默化的方式,通过学校教育,通过广播、电影、话剧来扩大影响,逐渐收到规范化的效果。拿书面语言来说,也应该只要求最重要的书籍、报纸、杂志在语言的运用上起示范作用,并不能限制每一个写文章的人非依照某一个格式不可,至于修辞和文体上的一切优良的个人特点,那更是应当提倡而不应当限制了。总之,我们必须把标准和要求区别开来。把全体汉族人民的语言训练得一模一样,那不但永远不可能,而且丝毫不必要。但是我们的共同语言,必须有一个明确的规范,使人民大众有所遵循。随着政治、经济、文化的发展,交通一天比一天便利,地域的限制一天比一天减少,语言的统一是完全可能的。汉语规范化的工作,不是由少数人主观地规定某些格式,而是有计划地顺着语言发展的内部规律,来引导汉语走上统一的道路,所谓约定俗成,因势利导,那绝对是行得通的。

第三种思想障碍是怕妨碍语言的发展。这种顾虑也是多余的。本来，语言自身就有它的约束性，全社会都这样说，你就不能不这样说，否则你的话别人就不了解，丧失了交际工具的作用。赵高曾经指鹿为马，但是直到今天，鹿还是鹿，马还是马。这种社会约束性也就是天然的规范。同时，世界上一切事物都是发展的，语言也不能例外，社会的约束决不能妨碍语言的发展。上古时代汉族人民把鸭子叫做"鹜"。当时假使有人说成了"鸭子"，当然大家都不懂，然而随着社会的发展，汉语由于某种原因（例如吸收方言或外来语），终于不能不让"鹜"变成了"鸭子"。语言是稳固的，同时又是发展的，这是马克思主义语言学对语言的辩证的看法。片面地一口咬定语言的稳定性，否定了它的发展，那当然是错误的。但是，如果只看见语言的可变性，因而否定它的规范，不注重语言的纯洁和健康，那同样也是错误的。文学语言在一定的意义上是和方言、俗语对立的，但是它又不断地吸收方言俗语来丰富自己。这也是矛盾的统一。中国历代的语言巨匠们曾经创造性地运用明确的、生动的、典型的语言手段，来丰富并且发展我们的语言；但是我们必须把语言巨匠们对语言的丰富和发展所作出的贡献，和不受约束的不缰之马在语言使用上的捣乱行为严格地区别开来。我们不能同意借口关心语言的发展来反对语言的规范化。

上面说过，目前由于全国人民空前的团结，加上政治、经济、文化的因素，各地的方言正在以空前的速度汇合起来。在这种情况下，汉语规范化的工作比任何时期都显得更重要。因为在各地的语音、词汇、语法碰到一起的时候，我们不能让它们"自由竞争"，看它们"优胜劣败"；我们应该适当地加以引导，使它们能够按照语言发展的内部规律来发展，使语言不断地趋向精密、准确、合理、好说、好写、好懂，以利于社会生活，利于教育、科学和整个文化的进步。人们对于语言的发展，决不是无能为力的。

总之，我们必须认识语言的统一对祖国建设事业的巨大作用；同时，我们又必须认识语言的规范化能够促成语言的统一。汉语规范化的工作是六亿人民当中每一个人都可以贡献力量的工作，全国人民应该用大力支持这一工作。

二、语言通俗化

我们常听见一句谚语："天不怕，地不怕，只怕广东人说官话。""广东"二字有时变为"苏州"，有时变为别的地方。其实，这话只说出了一半的真理。假使有这么一天：广东话被封为官话，我们也会听见人家说："天不怕，地不怕，就怕北方人学官话。"官话之所以难学，是因为学官话的人从前没有这种习惯。广东人或苏州人之所以特别不容易学会官话，是因为他们的语言习惯与北方的语言习惯相差特别远的缘故。

这个道理非常容易懂，只可惜人们不很会由此类推。事实上，从地域的殊异，我们很可以推想到社会的殊异：南北的语言固然不同，农夫、工人的语言与知识分子的语言又何尝相同？在北平住了十年的学生，往往自以为会说北平话；其实他们所会说的只是知识分子的话，农夫、工人的话他们未必完全会说，因为他们不会养成农夫、工人的语言习惯。这种语言习惯的殊异，乃是从社会的殊异生出来的。

说起来很有趣：一个南方人到北方来，总会摹仿北方话，以求表达自己的意思；然而一个大学教授或大学生对一个农夫或工人说话，却从来不会想到要摹仿他们的话，以求获得他们的彻底了解。这是很大的错误，然而犯这种错误的人真不少。

五年前盛极一时的"大众语"运动①，以及近来颇有人提倡的"通俗化"运动，似乎是开始感觉到这种错误而力求补救了。然而一般提倡的人往往又犯了另一种毛病，就是轻视语言的习惯及其社会性。他们误以为"大众"的语言是知识分子所能为的，原先只是不屑为，而不是不能为；现在既然甘心"大众化"或"通俗化"，就毫无问题。假使真是这样设想，就等于把知识分子看成万能，以为农夫、工人要学我们的话是想吃天鹅肉，而我们要学农夫、工人的话是"俯拾即是"，毫不费事。这未免与事实相距太远了。

我们也承认知识分子学"大众"的话容易些，因为有知识的人也曾经过没有知识的童年时代，他们也曾听惯了洋车夫、老妈子的言谈，不至于像洋车夫、老妈子听大学功课那样觉得高不可攀。然而听懂是一件事，使他们懂又是一件事；把吃饭睡觉的话和他们谈是一件事，向他们陈述一篇大道理又是一件事。我们自以为说得很浅，在他们听起来却很深。我们自以为已经极力摹仿他们的谈话方式，然而我们的话仍旧不像他们的话。这因

---

① 编者注：指 1934 年由陈望道、胡逾之、叶圣陶等人在上海发起的一个要求白话文写得更加接近大众口语的文体改革运动。

为我们自从读书十年之后，许多书本上的语句已经侵进了我们的习惯里，要恢复童年的"大众语"是很不容易的了。这也可以拿官话的学习来做譬喻：一个上海人在北平住了十年之后，重返故乡，对故乡的父老仍旧是满口的蓝青官话①。起初大家以为他是摆架子，后来才晓得他已经把官话和家乡话杂糅，官话固然不满六十分，家乡话也变为不及格了。由此我们可以明白：知识分子说话之所以不能通俗化，是因为他们失掉通俗的语言习惯，而不是故意摆架子。

写起文章来，比说话更加困难了。一支笔在手，一支烟在嘴，我们尽有修饰字句的余暇。修饰字句，不一定为的是漂亮，大多数的时候为的是明确。越是明确，越与口语发生更远的距离。我们日常谈话是想着就说，别人听不懂可以改变一个方式再说；写文章却不能如此，我们必须预防别人看不懂或误会，于是不能不求其明确。然而我们须知，要使笔下明确，同时又不违反口语的习惯，这是多么困难的一件事！

固然，社会的语言习惯没有明显的界限，知识分子的语言往往被仆人、车夫摹仿，仆人、车夫的语言也往往传染及于知识分子，彼此略得调和。然而这种调和的力量很小，因为知识界与非知识界都时时创造新语，二者之间永远保存着若干距离。况且除了词汇不同之外，还有语法与表现方式的殊异，更是无法调和的。

这里所谓无法调和，并没有丝毫轻视非知识界的语言的意

---

① 编者注：指夹杂着别地方言的普通话。

思。依现代语言学的看法，口语比文言更值得重视，大众的语言比少数知识分子的语言更值得重视。正因为重视大众的语言，才会把"俗语"看作圣贤的经典一般，认为值得我们费最大的精力去研究。

现在有一种矛盾的现象，就是多数提倡通俗化的人，自己写起文章来往往不能通俗；倒反是某一些小报的文字较能通俗，然而他们却不曾提倡这个。说句笑话，通俗化用不着提倡，只要找一个文理粗通的工人或农夫来，由我们授意给他，让他自由地写下来，就是一篇很好的通俗文字。有一次，我看见清华大学校工所编的刊物，觉得他们的文字真可以做一般提倡通俗化的人的"文范"。因为他们是写自己的话，所以容易写得合适。我们写他们的话，乃是矫揉造作，吃力不讨好。我们必须承认他们的话也是"高不可攀"，因为我们的语言习惯与他们的相差太远了。至于南方的知识分子用北方话去写通俗文，自然加上方言习惯上的障碍，更是不能胜任了。

除了语言之外，还有思想的问题。知识界的思想方式，往往与大众不同，难怪他们的话大众看不懂。再加上了欧化的语句与欧化的思想，更与大众相隔万里。现在有一班青年，如果要他们不写欧化的句子，或不用欧化的思想方式，就写不出文章来。当他们发愤要写"大众语"或"通俗文"的时候，也仍旧是这一套，因为他们被西洋语言或本国欧化文字所潜移默化，竟忘了中国语言的本来面目。由此看来，要达到通俗化的目的，必须先学会了纯粹的中国话，完全运用中国的思想方法。这是与大众接近的第一步。如果连这第一步也做不到,通俗化就变了纸上谈兵。

我在某一次的演讲里说过,大众语乃是一种艺术。知识分子在写通俗文的时候,必须将身跳出自己的圈子之外,设身处地,把自己变成一个目不识丁或粗通文理的劳动者。这样写通俗文,该比写普通的文章吃力十倍,然而好不好还要看你的艺术呢!在北平住了廿年的一个上海人,能说蓝青官话不足为奇;如果他回到上海,仍能说得一口纯粹的上海话,不杂北平的色彩,这才算是真本领。知识界的文章好比北平话,通俗文好比上海话,社会的殊异与地域的殊异一样地是语言的障碍,我们不要轻视这种障碍,才能达到我们的目的。

从另一方面看来,通俗文又是一种科学。"俗语"也是语言之一种,值得我们研究。我们对于方言固然应该调查,对于一般民众的语言也一样地应该调查。要写通俗文,必须先知道什么是"俗语"。我们可以定下一个标准,只有按民众的话说的话才是俗语,按照他们的话写下来的文章才是通俗文。这样的通俗文,只要你教他们认识了字,他们马上就看得懂。所以要写通俗文,必须先从调查俗语下手。

调查的对象是他们的词汇、语法及表现方式。哪怕是欧化的词汇,只要它已经深入民间,就算是通俗化了,就算是道地化了。如果只流行于士大夫的口里或笔下,也不能认为通俗。到了那时节,我们才能写得出一篇像样的通俗文。在未经过切实的调查以前,大家只能各凭自己的本领,去实现通俗化的艺术。